リトル・プー。

母さんと。

兄のアランと。

腕を骨折しても
バスケをやる。

友人のバブルと。

シミオン高。背番号25に値する活躍を目指した。

シミオン高、2005年。

イリノイ州プレイオフでジョン・シャイヤーから奪う。彼はいい選手だった。
(AP Images)

決勝戦でペオリア・リッチウッズ高相手に決勝点を決めたあと。横にいるのはランドル・ハンプトン。(AP Images)

コーチ・カルのおかげでメンフィスはまるで地元のようだった。(AP Images)

ファイナル4でUCLA相手にレイアップ。(AP Images)

マリオ・チャルマーズにまさかのスリーを決められて決勝は延長に。（Bob Donnan - USA TODAY Sports）

バスケットボールにおいて一番悔しかったのは、決勝戦でカンザス大に負けたこと。（AP Images）

突如として NBA 記者に囲まれ質問をされる人生に。内向的な自分はまるで準備できていなかった。(AP Images)

ポーリナ・ストリートの我が家。

ブルズに指名されて本当に嬉しかった。(AP Images)

ルーキー・オブ・ザ・イヤーのトロフィーを持ってレジー、母さん、ドウェインと。(AP Images)

若い頃は、しょっちゅうダンクの練習をしていた。2010 年にゴラン・ドラギッチの上から。(Mark J. Rebilas - USA TODAY Sports)

2010 年のジョー、ルオル、僕、ブーズ。大好きなチームだった。(AP Images)

3 年目の意気込みを誰かに聞かれて、「なぜ僕がリーグの MVP じゃダメなの？」と答えた。
(Mike DiNovo - USA TODAY Sports)

実際に会うまで、オバマ大統領が大のブルズファンだってことを知らなかった。
(Newscom/Official White House Photo by Pete Souza)

ポーリナ・ストリートの家のすぐ近くにあるマレー・パークのリングを全て直した。あまり大ごとにせず貢献したい。(AP Images)

レギュラーシーズンで上回っていても、いつもプレイオフではレブロンに行く手を阻まれた。
(AP Images)

人生を変えた ACL。(AP Images)

あまり喋るタイプではなかったからこそ、「I Can't Breathe」のＴシャツを着たことはより強いメッセージとなった。(Newscom/Chris Sweda-Chicago Tribune)

僕とティブスの関係性を理解していない人は多い。僕とティブスの間には他にはないコミュニケーションが存在する。(AP Images)

ブルズでの最終年は負けが込み始めて、何かを失っている感覚があった。それでもニックスにトレードされた時はとても感情的になった。(AP Images)

中国に行くと、いつも愛を感じる。(AP Images)

ニューヨークは本当に特別なチームになれると思っていた。でもすぐにこれはクソだってことに気づいた。(AP Images)

自分が今どこにいるのか、これからどこに行きたいのかを考えるにあたって、子供たちの存在はとても大きい。(Instagram @laylamaliburose)

2019 年のハロウィーン、50 得点と最後にブロックを決めて勝利。クソみたいなことを沢山経験し、多くの逆境を乗り越え、それでもまだやれるんだということを見せる僕なりのやり方だった。(AP Images)

I'LL SHOW YOU
デリック・ローズ自伝

DERRICK ROSE
With
SAM SMITH

REO ONISHI 訳

株式会社
ダブドリ

目　次

序文に代えて

デリック・ローズの人種差別に対する問題意識

永禮　美里

刊行に当たって、ダブドリの大柴さんより序文を頼まれた。本来なら翻訳協力の私ではなく翻訳者の大西さんが書くべきなのだが、私にお鉢が回ってきたのには理由がある。それは、私の夫がアフリカンアメリカンだからだ。

この本でローズはバスケットボール以外の人生についても多くのページを割いている。その中でも彼が読者に伝えようと熱意を持って書いているのが人種差別問題だ。ローズが指摘しているのは、彼の生い立ち、育った街の劣悪な環境、これらはアメリカの歴史とは切り離せない人種問題に起因しているという事実である。

多くの日本人にとって、貧困と差別は結びつかない別の事象だろう。おそらく一読でローズの思いを完璧に理解できる人は少ないはずだ。そこで、黒人の夫を持ち、アメリカで暮らす私ならローズの考えを補足するのに適任だと大柴さんは考えたわけである。

私が序文を書くのは僭越《せんえつ》な気もしたが、夫を通してアメリカにおける黒人の立場や境遇について日々学んでいる身として、ローズの思いが少しでも日本の読者の皆さんに伝わるよう手助けするのは自分の役目だと考え直し、序文を書かせていただくことにした。この自伝を読む前、読んでいる途中、読み終わったあと、どのタイミングでも構わないのでお時間をいただけたら幸いである。

人種差別と聞いて、皆さんはどのような状況を想像するだろうか。この本が出た翌年の2020年（エピローグは2020年に刊行されたペーパーバック版で追記された）、世界は新型コロナウイルスによるパンデミックに見舞われた。さらにアメリカでは大統領選が迫り、社会的分断も一層深まりつつあったその頃、5月にミネソタ州ミネアポリスでジョージ・フロイドという黒人男性がデレク・ショーヴィンという白人警察官に殺害された。偽札を使用した疑惑で手錠をかけられ、無抵抗な状態のフロイドの首にショーヴィンは8分46秒間も自らの膝を乗せ、〝I can't breathe（息ができない）〟というフロイドの訴えを聞き入れることなく死亡させた。この事件をきっかけに、以前広まった〝Black Lives Matter（ＢＬＭ）〟運動が再燃し、それまで自宅で自粛生活を送っていた人たちは抗議活動のために街へと繰り出した。自らの差別的発言や、差別を肯定し、煽るようなことを4年間行ってきたトランプ政権によって表面化した人種間の確執は、ここへきて頂点に達し、ＢＬＭ運動はこれまでにない盛り上がりを見せた。黒人選手がリーグの約4分の3を占めるＮＢＡでも、コート上に〝Black Lives Matter〟の文字を入れたり、ジャージの後ろに名前の代わりに〝Black Lives Matter〟をはじめ〝Equality（平等）〟や〝I can't breathe〟などを含むメッセージを載せたり、試合後のインタビューでは試合について語らず、人種差別の現状とその撲滅を訴える選手もいた。

〝Black Lives Matter〟は直訳すると「黒人の命は大切だ」となるが、このスローガンのポイントとなるニュアンスは、これまでに黒人の命が粗末に扱われ、軽んじられてきたということである。このスローガンは２０１２年に黒人少年のトレイヴォン・マーティンを殺害した自警団のジョージ・ジマーマンの無罪判決（２０１３年7月）をきっかけに生まれた。当時17歳だったマーティンは、コンビニから帰る途中、雨が降っていたためパーカーを被っていたところ、ジマーマンに怪しまれ、射殺された。フロリダ州で起きたこの事件に対して、レブロン・ジェームズやドウェイン・ウェイドはパーカーのフードを被って当時在籍していたマイアミ・ヒートのチームメイトらと共に抗議している。さらに２０１４年7月にはＮＹでエリック・ガーナーが警官によって禁止されている絞め技で殺害され、同年8月にはミズーリ州ファーガソンでマイケル・ブラウンが警官の手によって射殺された。立て続けに起こったこれらの事件に対する抗議運動は全国的に広まり、ＢＬＭのスローガン及び運動が全国的に広まることとなった。ローズも本書で触れている通り、２０１４年の12月、ガーナーを殺害した警官が不起訴となった二日後に〝I can't breathe〟と書かれたTシャツを着てコートに立った。

現在のアメリカではこうした直接的な差別がなくならない一方で、一見すると見えにくい、システミック・レイシズムと呼ばれるものも存在している。システミック・レイシズムとは、制度的もしくは構造的な人種差別であり、その起源は奴隷制度にも遡り、実に根深いものである。1863年の奴隷解放宣言、1964年の公民権法成立を経てもなお、実際には社会的に深く組込まれた差別的な制度によって苦境を強いられている人たちは少なくない。かつての人種隔離の影響で、いまだに人種間で住む地域が分かれていることが多く、黒人が多く住む地域は公立学校や施設の予算や設備に乏しいこともあり、結果的に教育格差などにつながる。まともな教育環境を得られないことが、さらにまともな職を得られないことにもつながり、犯罪が蔓延《まんえん》するきっかけにもなる。

ローズの出身地であるエングルウッドはシカゴのサウス・サイドと呼ばれるエリアにある。シカゴのサウス・サイドというと、犯罪、特に黒人間の犯罪で悪名高い。そうなった理由も、かつて長らく人種隔離が行われていたことに起因する。本書でローズも言及しているように、1960年代にはこのサウス・サイドをさらに隔離し、高級住宅街から切り離すような高速道路が建設された。幼少期のローズの家族を取り巻いたクラック・コカインというドラッグ自体も、粉末コカインより遥かに低価格で手に入れることができるものとして1980年代に特に黒人コミュニティを中心に急激に広まったものだ。その結果、彼らのコミュニティでは犯罪が悪化し、クラック・ブームを取り締まるべくして制定された法律は黒人男性に偏って影響を及ぼすこととなった。黒人（特に男性）は他の人種に比べて収監率が高く、子供達が片親で育つ原因にもなっている。

こうしたことから、貧困のサイクルを断つことは困難だ。そういう状況に生まれながらもバスケをきっかけにそこから脱することのできたローズやＮＢＡ選手の多くが、自らのコミュニティに還元したいという気持ちを強く抱くのはそういう理由が大きい。このローズの自伝は、そういったアメリカの一部の人たちの体験を少しでも理解する手助けになるだろう。

誰かはわからないけれど、僕を上から見守り、才能を与えてくれた存在に感謝します。

また、僕が乗り越えてきたことの数々は、家族の存在無くしてはあり得ませんでした。厳しい愛情を持って育ててくれ、静かな自分でいることを許してくれたことに感謝しています。僕がここまで来れた背景には、みんなが多くのことを犠牲にしてきたという事実があります。とても感謝しており、永遠に心に留めておきます。みんな愛しているよ。

Chapter : 1

僕がこの本のタイトルに選んだのは〝I'll Show You（見せてやる）〟。なぜならこれは僕自身、僕の物語を表す言葉だからだ。

何ができるのか見せてもらおう。言葉ではなく、実際にできることは何なのか。

この言葉は、僕の性格の両面を表している。僕は内向的だ。それがどういう意味なのか、長いこと理解していなかった。決して悪いことではない。ただ、周りから誤解されてしまうことがある。調子に乗っていると思われてしまったりする。

僕は決してそんな奴じゃない。

若いうちから、誰にも教わらないまま、得意でもない取材を受けなければならなかった。すると、周りの人間に誤解をされてしまうこともあった。

自分が17歳か18歳のことを思い返したことはあるだろうか？ 19、20歳でNBA入りして、たくさんの記者に常に質問攻めに合うことを想像したことはあるだろうか？ 自分がもし大人しい性格だったら、なんて答え、どう対応する？

〝I'll Show You〟とは、「行動で示す」ということだ。僕は人生を通して、ほとんどのことをそうやってきた。僕が何か言うのを待つのではなく、行動を見て欲しい。僕は元々あまり喋る方ではない。僕がバスケをするに当たって喋らないのはそういう理由だ。トラッシュトークはしない。されて気にしたこともない。むしろそれを燃料にしているところもある。「なるほど、そういう感じね？ じゃあ見てろよ。次に僕が得点しても、同じ態度でいられるか」ってね。自分の原動力に変えるんだ。コート上にいる自分は別人だ。シカゴではそれを何て言うか知ってる？“Not going（流されない）〞って言うんだ。絶対に相手に屈しない。コート上でごちゃごちゃ言う必要はない。見せてやればいい。

育った環境もある。これが自分なんだ。人の性格がどうやって形成されるのか、はっきりとは分からない。でも僕が静かでいることを好む理由のひとつは、自分の生まれ育った場所や自分が見てきた物が影響していると思う。

僕が育ったシカゴ南部にあるエングルウッド市は、ドラッグが蔓延していた。聞いたことはあるだろう。いつもニュースで報道されているし、今の大統領（ドナルド・トランプ）がよく馬鹿にしていることでも知られている。あそこが僕の故郷で、より良い人生を送ろうとしている沢山の人の故郷でもあるのに、失礼な話だ。彼らはみんなと同様、生き延びようと必死で頑張っている。ただ、他の人たちほどチャンスが与えられていないんだ。町の外に出ると、子供の頃はよく理解していなかった人種差別が見えてくる。あそこの人たちは、他の人たちと何ら変わりはない。同じ境遇を求めている。

とはいえ、あの場所で繰り返し続く暴力は子供にとっては劣悪な環境だ。僕は友人を失い、銃声を聞き、バットや棒を振り回しながら車を乗り回す人たちを恐れ、家に隠れた。いつも2階に逃げた。僕が静かな理由のひとつは、ドラッグの世界ではうるさい奴らがやられるからだ。派手で目立とうとしている奴の身には何かが起きる。僕はそんな奴に絶対になりたくなかった。近所はそういう奴らで溢れていて、いつもごちゃごちゃ言っている奴ほど馬鹿なんだなというのを見てきたんだ。これはマジな話だよ。

それを子供ながらに見ていて「もしこの状況を脱することが出来たら、もし何かを成し遂げられる状況になったら、あんな風に振る舞うのはやめよう。目立ちすぎる」と思っていた。静かで馬鹿な奴だと思われたとしても、本当のことは誰も知らない。ある日突然、僕が何か面白いことを言って、驚かせるかもしれない。君には僕が何を知っているかなんてわからないだろう。そう思われていたいんだ。

理解できないのはそこなんだ。「なんでクソみたいに言ってくる奴に、普段見せない自分の一面を出さないといけない？」ってね。普段見せない一面を見せるときは、この人になら見せてもいいなと、暖かい気持ちになったときや、お互いに対して敬意を感じたときだ。

もちろん、バスケットボールに関してはとても注目された。でもそういった注目や称賛は、いつも気にしていなかった。気にしすぎると、間違った場所に彷徨《さまよ》ってしまうということに早い段階で気づいたからだ。『見せてやる』という精神は、自分がどんな状況であろうと、目的地へ必ず辿り着いてみせるというものでもあるんだ。

バスケットボールに関して、僕はいつも自分がいかに才能ある選手なのかといったことを言われてきた。実際にそうだった。僕のスピードは人と違う。コート上のどこにでも行くことができ、得点をしなくても試合をコントロールすることができる。僕は二人の兄のどちらとも試合をしたことが無いんだ。なぜなら、いくら彼らが年上でも小さいころからすでに僕には敵わないと分かっていたからだ。僕をジェイソン・キッドと比較する声を聞いたことがある。でもJ・キッドは身体能力がそれほど高い選手ではない。彼は技をマスターすることで、その身体能力の差を埋めていたんだ。彼の方が大きくて、晩年はシュートを会得し、すばらしいコートビジョンを持ち合わせていた。彼は自分のスキルを利用していた。僕は、また違う物を持っている。才能だけではない何か。

それはスピードだ。スピードは武器になる。何を仕掛けられても、僕にはダブルチームを割るスピードがあった。同じポゼッションや連続したポゼッションで何度もダブルチームに突っ込み、相手のビッグマンの持久力を試すんだ。「あのコーナーで何回僕を止めることができるかな？」という気持ちでね。

ディフェンスが一番上手かったのはケビン・ガーネットだ。試合運びをすごく考えさせられる選手だった。今のリーグは全くの別物だから、自分があの時代にリーグ入りすることができて嬉しく思う。昔のリーグがどんなだったかを体験できたからね。あのタフなプレイを経験できたことは、とても幸せだと思っている。

AAU（アマチュアスポーツを統括する団体、アマチュア・アスレチック・ユニオンの略。学校のチームとは別のクラブチームで、バスケの場合、試合はオフシーズンに開催され、各地へ遠征することも多い）では高校と違うスタイルでプレイしていた。そうさせるために、兄のレジーは僕が自分のＡＡＵチームを持つことを望んでいたんだ。ＡＡＵのコート上では別のデリックを出すことが出来た。高校ではスモールフォワードだった。ボールを運んでもいなかったし、チームの得点リーダーでもなかった。僕が得点を重ねるようになったのはリーグ入りしてからだ。ＡＡＵでは初めて背番号1を背負った。それはもうひとりの自分だった。自分のプレイしたいようにプレイをし、チームを救うんだ。

ナイキの大きな大会、ピーチジャムでのことだ。ヤオ・ミン、トニー・パーカーなんかが参加したような大会だ。そこでの経験が、シカゴ・ブルズでそこまで得点力の高くない選手たちと一緒にプレイすることに役立ったと思っている。みんないい選手たちだったけれど、得点面に関しては、自分がしっかりとやらなければいけないということは分かっていた。

僕がリーグ入りしてからも、バスケは大きく変わっている。今はシューティングこそ全てだ。シュートは打てなければならない。でもいつだって、自分はプレイスタイルを合わせられると思っていた。高校では三番をやり、ＡＡＵではポイントガードをやり、リーグでは必要とされればスコアラーをやってきた。トム・シボドーがヘッドコーチを務めていたミネソタ・ティンバーウルブズで僕がプレイしていた間、ジミー・バトラーに対するプレッシャーが強かったときと、ジミーがフィラデルフィア・76ｅｒｓにトレードされたあとに、僕のスリーポイントシュート力が向上していたのをみんな見たと思う。ＡＣＬを怪我する前から良くなっていたことは忘れられがちだ。でも怪我から復帰するために、色んなことに時間を費やす羽目になった。

　ミネソタ入りしたあとの夏、僕は何千本とシュートを打った。考えなくても打てるようにね。スピードと一緒で、考えるのではなく、単純にやって見せるんだ。試合に出ていれば、シュートを打つ。すると、僕のショットのアーチは正しくないという意見が出る。でもコービー・ブライアントのアーチは正しいものだったのだろうか？　しかも復帰後は三番、シューティングガード、ポイントガードと色々なポジションでプレイしている。でもとても楽しんでいるよ。僕はもう30、31歳で、子供じゃないんだ。

　もちろん自分を疑う瞬間だってあった。ニューヨークやクリーブランドではチームを離脱してしまったこともあったけれど、タフであることは証明してきたと思っている。あのときのことを、今は償っている状態だ。でもあれも自分だったんだ。それでも僕はコートに立つたびに歴史を作り続けている。誰だって困難に直面した経験があるからこそ、僕に共感を抱く人も多い。

　投げ出したと批判する人もいるかもしれない。しかし僕は一度もギブアップしたことはない。バスケ、息子、娘へは常に愛情を注いできた。子供たちがいてくれたからこそ、4回、5回という手術を耐えることができた。そして、自分のキャリア、過去、現在、将来のあるべき姿を理解することができたんだ。

　再びマックスプレイヤー（リーグ在籍年数と総サラリーキャップに基づいて算定された規定内上限額の契約をマックス契約と呼ぶ）になる？　オールスター？　シックス・マン・オブ・ザ・

イヤー？　それもいいかもしれない。僕はいつだって、不可能は無いと思っている。今の僕はとにかく若いチームメイトたちが成長していくのを手助けするベテランであり、その他のことは僕のプレイが物語ってくれるはずだ。

僕のジャンプショットがどうだったとか、今はどうだとか話題になることは多い。僕は自分がフーパー（単なるバスケットボール選手ではなく、バスケットボールに身を捧げている人）だと常々言ってきた。フーパーは何だってできる。何を言われようと関係ない。例えばマーカス・スマートはフーパーだ。アナリティクスなんかを見たら、こんな選手は欲しくないと思うかもしれない。でも試合を実際に見れば、「彼をチームメイトに欲しいに決まっている」と言うはずだ。ビッグショットを決められるんだ。彼のような選手とプレイするのは最高だ。フーパーとはそういうこと。24本シュートを外したって関係ない。次に打つ25本目が決勝点になって、入ると信じて僕はプレイしている。正しいときに、正しいプレイができると思っている。

怪我のことはもう長いこと心配していない。ミネソタに来たとき、よくダンクすることについて聞かれた。長いことしていなかったからね。ちょっと頑固になりつつあったんだ。いつもダンクのことばかり耳に入ってきた。「ダンク、ダンク、ダンク、ダンクしてよ」って。なんで？　自分はただのダンカーなんかじゃない。それがバスケットボールの全てだと思っているの？　バスケの見方にはレベルがいくつかあって、ファンやメディアは違うんだ。試合全体を通して見ていないことが多い。スナップチャットなんかで断片的に見るだけかもしれない。それはそれでいい。でも彼らはそれで試合を見た気になっている。

僕のプレイスタイルが派手なのは変な話なのかもしれないね。自分の性格とは正反対だと言われたこともある。友人や家族といるときは落ち着いているけれど、コートに立てば歓声が湧き上がる。それが僕のバスケだ。これはシカゴの影響でもある。あいつらに見せてやれ。「よし、じゃあ見せてやるよ」。

そんなことないと思うかもしれないけれど、僕の一番の才能は人の話を聞くことだと大真面目に思っている。僕は外から静かに見ていることが多くて、物事の中心にいることをあまり好まない。大体一番声のでかい奴が、一番頭の悪い奴、一番苛立たしい奴だ。内向的でもいいじゃないか。そのことに気づいたのは歳を取ってからだった。よく社交的な場に行っては、疲労を感じることがあった。帰ってしまうこともあった。「ワークアウトしすぎたから疲れたのかな？」と考えたりもした。

自分が内向的な人間なのだと気づいたのは25、6歳のときだ。そこで僕は、自分の電池を充電するには時間が必要なのだと気づいた。だから家族といるときはいつも「あれ、プー（ローズのニックネーム）はどこだ？　また2階かな」ってなる。それが僕の充電方法。わかるかな？　自分を充電しているんだ。

もちろん誰とだって話せるよ。そこは勘違いしないで欲しい。でもいつもそのあとに、「いやあ、疲れたな」となってしまう。中国に行ってアディダスのイベントに参加したあととかね。高校時代にもそれを感じていた。インタビューやプロモーションが続くとキャパオーバーになっちゃうんだ。それによって周囲から僕が傲慢《ごうまん》だとか、馬鹿だとか、興味を持っていないと思われることがある。でもそれが僕なんだ。僕は必要なことをやって、自分のバスケを通して喋っている。フレンドリーじゃないとか、社交的じゃないとよく思われるが、それはどうすることもできない。これが自分なんだ。もう慣れたよ。

以前はそれを気にしていた。「もっと社交的にならないと」って思うこともあった。それでよく一人で消耗しきっていたよ。パーティーやイベントなんかに行ってね。少しでもいいから顔を出して、30~45分だけでもいいようと駆け回っていた。でも帰るときには、まるでオーバータイムまでもつれた試合後のような感覚になるんだ。有名人で、成功して、金も持っていて、なんでも出来るじゃないかと思われることも多い。「何が不満なんだ?」「自分たちは付き合うに値しないってか?」と彼らは思うだろう。でも決してそうではない。

これは母親譲りなんだ。母さんを見て育った。僕は末っ子で、聞き分けのいい、大人しい子供だった。母さんに嫌な思いをさせたくなかった。僕の母さん、ブレンダは34歳のときに僕を生んでいる。彼女は僕の全てだ。起きることには全て意味がある、と僕がいつも言うのには理由がある。僕が若いころ、友達の母親がみんな若くて、おしゃれな服を着て出掛けたりしていたのを覚えている。僕の母さんはいつも、もっと落ち着いた、地味な服装だった。遊びに出掛けることだってなかった。

「母さん、もっと着飾らないの?」と思うこともあった。「何かしなよ」ってね。でも彼女は僕にぴったりの存在だったんだ。わかるかな? 彼女は僕のためになんでもやって支えてくれた。母さんは僕や兄さんたちや家族のために全てを捧げてきた。だから僕がほんの少しでも同じことをできれば僕の人生も間違いないはずだ、と思うようになった。彼女こそが僕のインスピレーションで、お手本だった。母さんはいつも沢山働いていた。常に職に就いていて、生活するために必要な費用は全て母さんが払っていた。

僕は友人や家族から少し距離を置くことがあるが、完全にいなくなるようなことはしない。自分一人でなんでもできるということを見せたかったんだ。それも母親譲りだ。誰のことも必要としない、自立してやっていける。僕はいつだって母さんのようになりたいと思っていた。二人の元夫にも「もういい。あんたなんかいらない。4人の息子たちと一緒に、自分のやり方でやる。私だけで全員の面倒を見れるわ」という具合だった。

〝I'll Show You(見せてやる)〟の精神は、シカゴのバスケットボール界に根づいている。僕はあまりシカゴのバスケットボールがどういうものか詳しくなかった。若い頃はマイケル・ジョーダンの名前ではなく、ジェイミー・ブランドン(1990年にイリノイ州のミスター・バスケットボールに選ばれた、シカゴの伝説的な高校バスケの選手。LSU大学でシャキール・オニールと比較されるのは、（ジョーダンもシカゴの地元出身のスター選手だった）やそういった地元出身のスター選手の名前を聞くことがほとんどだった。よく比較されたよ。シカゴでバスケをやっていたらよくあることだ。「ジェイミー・ブランドンのプレイスタイルにそっくりだな」って言われる。

僕が「誰それ？」と聞くと、マーティン・ルーサー・キング高校でプレイしていた、と説明される。最初から期待をかけてくるんだ。高校では、極度なプレッシャーのなかでプレイすることになる。今では小学校からすでにそういうプレッシャーがかかる。でもこれを経験して、ある程度成功することのできた子たちは、とてもタフな選手になるんだ。

自分がＮＢＡ入りして経験した怪我と付き合うにあたっても、これはとても重要になった。怪我とリハビリだけではなく、怪我をすると色々と変化があったんだ。特に周囲の人の態度が変わった。自分の行動がいちいち注視されるようになった。些細《ささい》なことまでだ。「あのインタビューの態度が嫌だった」とか「これについて彼が言ったことが気にいらない」、しまいには「それに彼どうせ怪我してるんでしょ？」なんて言われる。

いつしか僕はそういった声と戦うことをやめた。怒っている理由は分かる。いい選手は試合に出る。僕もロサンゼルス・ドジャースの試合に行って、クレイトン・カーショーが投げていなかったら怒るだろう。「なんのためにこの試合を観にきたんだ」と言いたくなる。分かるよ。でも、怪我はもう起きたことだ。そして起きたことには何か意味があるんだ。

今の僕は、前よりも色々なことが分かるようになった。怪我で休んでいる時間を使って、人間として成長したと感じている。そのおかげで、全てをより良く受け止められるようになった。今自分がリーグでプレイして、やっていることが僕の歴史になる。今僕は自分自身の歴史を綴《つづ》っているんだ。これからも僕と同じような怪我をするスター選手は出てくるだろう。それが誰であろうと、僕はその人のお手本になることができる。次の人に「ここで立ち止まったり、引き返したりする必要はない、君にはまだ先がある」と示してあげることができる。今の僕はそう考えているんだ。

リーグにやってきたときの僕の『見せてやる』の精神は、「ここにいる選手たちとだって渡り合えるぞ」というものだった。ブルズでのボストン・セルティックスとの初めてのプレイオフが正にそう。我々は新しいチームで、ベテラン選手も若かった。ヴィニー・デルネグロも新しいコーチだった。ベン・ゴードンがスコアラーで、シーズン途中にジョン・サーモンズを獲得してから、チームの調子が上がっていった。ちなみに彼はとてもクールな奴だ。ブルズにはいつもいい奴らがいた。特にジョアキム・ノア、ルオル・デン、カーク・ハインリック。

僕は主にポイントガードとしての役割を担っていた。得点はベンやサーモンズがやってくれた。プレイオフに進出すると、相手は王者のボストンだ。ケヴィン・ガーネットは怪我をしていたが、レイ・アレン、ポール・ピアース、ラジョン・ロンドといった殿堂入り候補選手は揃っていた。

その2008-09シーズンのプレイオフ初戦。僕は36点を獲得し、オーバータイムで勝利。ホームコートアドバンテージを奪い、第7戦までもつれるシリーズとなった。あれこそが僕のスタートラインだ。オーバータイムが連発するとてもクレイジーなシリーズで、多くの選手からビッグプレイが飛び出す、最高なものだった。そこで僕は、自分はリーグの選手たちと渡り合えるだけではなく、殿堂入り級の選手たちが相手でもプレイできることを知ったんだ。まるでAAUそのものだった。チームも僕の勢いに乗ってくれていた。スポットライトの中にいたんだ。「ここまで来た。僕はこのレベルでプレイできる」と感じた瞬間だった。できるとは信じていたけれど、やはりそれを見せられなければ意味はない。僕は偉大な選手たちを相手にするだけではなく、手こずらせていた。彼らは焦り、文句も増えていった。ベンチに戻りながら、「誰だ、あいつは？」と頭を抱えたはずだ。

当時の僕のビジョンはとても明確だった。MVP獲得。よしきた。優勝する。それが次だった。毎年レブロン・ジェームズ相手に敗退しているようだったが、少しずつ見通しは明るくなっていた。そこで怪我。怪我。怪我。そしてビジョンは薄れていった。

その時点では、「次は一体どうしよう？」という状態だった。大変だったけれど、常に前を向いていなければならなかった。小さくてもいいから、一歩ずつ進まなければならない。その都度何か一つ目標を決めて、それに集中することで前進することができた。例えば、この試合ではフリースローを外さない、とかね。前は25本とか27本シュートを打っていたのが、気付けば15本、9本と減っていき、挙句の果てにはDNP（Did Not Play の略。プレイタイムが与えられない選手の横に記載される）だ。だからこそ、「よし、フリースローだ。この試合はフリースローを一本も外さない」と目標を立てる。次は「よし、ディフェンスだ」といった具合に、小さいことから始めて、少しずつ自分を立て直していった。ゲームの中にもう一つのゲーム、目標を設定し、自分にできることや、いかにチームを助けられるのかを探していったんだ。

こうして僕は意図を持ってプレイすることを学んだ。どんなドリブルにも、意味を持たせる。これはコービー（コービー・ブライアント。20年間のキャリアをロサンゼルス・レイカーズで過ごし、5つのチャンピオンシップを始め数々の記録を残し、殿堂入りを果たした）から学んだことだ。コービーからは、彼のプレイを見たり、話していることを聞いてとても多くのことを学んだ。だからバスケの話をするときには彼の名前を挙げることが多い。彼の周りとのプレイの仕方はとても特別だった。彼はドリブルを一つも無駄にすることはなかった。

ジョン・カリパリ（2004年から2009年までメンフィス大学男子バスケットボールチームのヘッドコーチを務めた。現ケンタッキー大学）も、僕にとってはコービーと同じような存在だった。メンフィス大学に入る前、僕はボールを持っていることが多く、いつもドリブルをついていた。ある日の練習で、カルは何度も笛を吹いて、結局僕を練習から追い出したのを覚えている。「ドリブルばかりするな」と彼は言う。僕は兄もバスケをしていたから、いつも家にはボールがあった。だからドリブルばかりしていた。カイリー・アービング（現在ブルックリン・ネッツのポイントガード。ドリブルやボールハンドリングのスキルに定評がある）を想像してみて欲しい。カイリーはドリブラーだ。僕は今でも相手にクロスオーバーを仕掛けることはできる。でも僕の仕事は、特定のスポットまで行くことだ。ただそこに辿り着けばいい。ところがカイリーは、そこに行くまでに相手をドリブルで転ばせようとするんだ。

カル（カリパリの愛称）には、「一つのムーブで選手を抜き去っている。だったらなんで相手を辱めるためだけに何度もやるのだ」と言われた。確かにそれはよくやっていた。それはもうやめなければならなかったんだ。ボールで遊びすぎて、目的が相手を辱めることに変わってしまっていた。シカゴ、ニューヨークといった都市でプレイしている奴らにはありがちなことだ。自分ではいいムーブだと思うかもしれない。いいパラグラフ、文章を書けたライターにだって起こり得る話だ。「今のはいいムーブだったな、いいパラグラフが書けたな」と。ときにはそれがやり過ぎになってしまうんだ。よく自分がボールを持ちすぎている瞬間に出くわすことがあった。

リーグ入りして、コービーと話をした。実はコービーは高校のときも、僕たちのところに話に来たことがあったんだ。彼がブルズに来ようか迷っていたとき（2004年にフリーエージェントとなったコービーは、フィル・ジャクソンがコーチとして去り、チームメイトのシャキール・オニールとの確執もあり、ブルズへの移籍を検討していた）のことだ。彼はシミオン高校までやってきた。そのとき、全てのドリブルを、相手に勝つためについているのだと話していたのを覚えている。『見せてやる』ためにね。

僕はこの『見せてやる』の精神を、友人相手にもいつも持っていた。体育館でワークアウトするときも、わざわざそれを周りに伝えることはなかった。彼らには「なるほど、あいつは体育館で練習していたんだな」と気づいて欲しかった。でも怪我をしたとき、物事は変わり、自分からもっと距離を置くようになった。当時まだ23、24歳だった僕は、自分が一体どういう人間なのかを模索していた。自分の責任を全うする必要があったし、ビジネスについて学ぶ必要があった。父親として学ぶ必要もあった。そして、自分がこの世界において、一体何者なのかを知る必要があった。

いろいろと複雑な時期だった。でも「もしまたチャンスが来れば、自分の進みたい方向はわかった。またチャンスがあれば、オールスターのような活躍をして、良い契約を結び、マックス契約だってあり得るかもしれない」と考えるようになった。自分を疑わなかった。だからこそ、リーグに戻ってきたときは、クリーブランド・キャバリアーズと200万ドル（当時で2億2千4百30万円）ほどで契約したんだ。毎日、自分自身に賭けていた。いつだってそうしてきた。どうってことはない。正直、今でも自分にはそれぐらい才能があると感じているよ。周りがなんて言おうと気にしない。

人はよく僕の昔の契約について、怪我をしたときどれだけ稼いでいたかを話したがる。もうそれは聞き飽きたよ。TNT（ケーブルチャンネルであるTNTの〝Inside the NBA〟という番組のこと。主な出演者は元選手のチャールズ・バークリー、シャキール・オニール、ケニー・スミス、そしてスポーツキャスターのアーニー・ジョンソンで、TNTで放映される試合の前後に放送される）でチャールズ・バークリーたちもそう話していた。僕は終わったと。

「もうこの番組で彼について話すのはやめよう」。チャールズはそう言った。「彼は終わったよ」。

そういうものなんだ。僕のことを嫌いだと言っている人でも、その辺で偶然会って、一緒にエレベーターにでも乗ることになれば、挨拶をしてくる。「ヘイ、Ｄ－ローズ！」なんて言いながらサインを求めてきたりしてね。僕を実際に嫌っている人は、その場では何も言ってこないんだ。そのくせ、自分の仲間のところに行けば「今日誰に会ったと思う？　あのクソＤ－ローズだよ。エレベーターで一緒になったんだ」と言い放つ。わかるかな？　僕のことをボロクソに言うのに、僕に会ったことは自慢している。

分かるよ。それもこの仕事の一部だ。これがバスケの世界だ。それに囚われてはいけない。僕はそれを避けるよう心がけている。僕はそういう人間にはなりたくない。僕が子供たちや、周りの人たちに伝えたいことの一つだ。僕は僕にしかなれない。それだけだ。

これこそが、僕の物語を形成しているのだと思う。僕の物語に辿り着いた人は、積み重ねられたレイヤーを一枚一枚めくって読み解こうとするだろう。僕は二つのことを見て欲しいと思っている。自分を成長させることに全力を注いでいたこと、そして諦めず、チームのために戦い続けるファイターだったこと。

多くを経験してきたけれど、バスケットボールに関して不安になることはなかった。学生時代を勝ち続け、高校、大学の決勝戦、ＭＶＰ、新たなステージに上がれそうになったところでのＡ

CL（前十字靭帯）断裂。そしてたび重なる怪我、離脱、復帰、底辺からトップへ、底辺へ落ち、そしてまた復帰へ。僕が心配するのは、自分の人生をどう生きるかについてがほとんどだ。自分の家族が何をできるか。自分が社会にどう適合していて、世界では何が起きているのか。僕にとっては、そういうことが大切なんだ。周りにバスケットボールのことしか気に掛けていないと思われているけれど、僕が安定してプレイするようになったらどうなると思う？ 見せてやるよ。

だからこそ、僕は自分の物語を語りたかった。僕を超えて、より多くの人にこの物語を届けるべきだと感じたからだ。

Chapter : 2

実際のところ、僕は自分が最も偉大な選手になると信じていた。それが問題だったんだ。僕はバスケットボールをよく研究している、と自分では思っている。何が起きているのか理解できていた。自分がどこに位置しているのか、何を達成したいのか。優勝、更なるMVPの獲得、ファイナルMVPの獲得。アスリートとして思いつくことは全てだ。それを得るためにはハードワークが必要だということもわかっていた。ハードワークは決して苦ではなかった。体育館で二、三時間、いつまでも続くワークアウト。これだけやっていれば良いの？　これが仕事なの？　こんなにお金が貰えて？　これは簡単だな。

そこに受賞歴が加わると、さらに自信は増していった。僕のスピードに対する答えをリーグは見つけることができずにいたので、自分が最も偉大なスモール選手になれると考えていた。誰も解決策なんて持っていなかったからね。スピードに追いつけず、誰も僕を止めることはできなかった。今だって変わらない。若い頃にやっていたような、感情を爆発させるようなプレイはもうしないけれど、スピードはまだある。あの手この手で対策をされても、僕にはプレイを生み出すことができるスピードがあった。何度僕のプレイを遮《さえぎ》ることができるかな？　それみたことか。

それも全て、怪我をするまでだった。

怪我、ACL、MCL（膝内側側副靭帯《ないそくそくふくじんたい》）、全て僕の責任だった。でも後悔はしていない。僕にとって起こるべくして起こった最高のことだったんだ。わかるよ、頭がおかしいんじゃないかって思っているんだろう。キャブズも、僕がシーズン中に離脱したときに同じように思った。復帰する前に、まず精神科医に診てもらうように彼らは言ってきた。僕のメンタルがおかしいんじゃないかと思われたんだ。

僕にはよくあることなんだ。あまり喋らない自分のせいでもある。大人しい人を見ると、頭が悪いんじゃないかとか、どこかおかしいんじゃないかと思う人は多い。でも前にも書いた通り、内向的なのは悪いことではないというのが分かったんだ。

もちろん、ＡＣＬを負傷した当日、こんな風に考えていたわけではない。当時は、いろんなことを、きちんと考えることができていなかった。多くの怪我を経験したことで、自分がこれまでに汗水垂らしてやってきたことを振り返り、楽しむ時間を作ることができたんだ。真剣にそう思っている。必ずしもいつも完璧ではなかったとしても。

昔は僕にとって、バスケが全てだった。毎年夏になると、いつもやりすぎていた。楽しんでいたよ、そこは勘違いしないで欲しい。でも本当に若いころは、「試合は明日か？　よし、じゃあ今日は飯には行かない。対戦相手はジェイ・Ｚ（１９９６年のデビュー以来、活躍を続けるラッパー、音楽プロデューサーであり、起業家。ヒップホップ史上最も影響力のあるアーティストの一人であり、最も偉大なラッパーとの呼び声も高い）のコンサートに行くんだろ？　もし行くなら明日はボコボコにしてやれるな」という考え方だったんだ。常に、バスケのことだけに集中していた。

夜は遊びに出かけることもなく、家に帰って寝ていた。だんだんロボットみたいになってくるんだ。近所の散歩、外食、試合前のコンサートなどの、普通にみんながやってるようなこと。そういった多くのことを、自分は偉大な選手になるのだから、やってはいけないと考えていた。そういうことには目もくれない。食事に行くことすらしなかった。

「まだ何も勝ち取っていないのだから、食事に行くなんて言語道断だ」

いつもそういう風に考えていた。いつか優勝するために、旅行や遊びに行くのを我慢する。優勝してからのんびりすればいい。そういうマインドだった。どんどん自分を追い込んでいった。到達しなければ。「偉大な選手ならきっとやらない」と自分に言い聞かせた。「そんな風に出かけたりなんてしない。偉大な選手は集中して、やるべき事をやるんだ」。

もっと散歩に行くべきだった。もっと外食するべきだった。もっとブランチなんかにも行って、コンサートにも行くべきだった。もちろん、たまに食事に行くこともあったが、やはりほとんどは家にいた。なぜならそうやってバスケのことだけを考えることで、他人よりもアドバンテージを得ていると感じていたからだ。相手がそうしていない中、自分はそうしている。だから相手より有利になれる。そう考えていた。

歳を重ねて振り返ってみると、受賞歴なんて誰が気にするんだ？　そもそも、結局のところ、賞や記録に何の意味があるんだ？　そうだろう？　12年前に誰がＭＶＰだったかわかる？　どうでもいいだろ？

でも当時は自分に可能性があると感じていて、それがやるべきことだと信じていた。僕にとってバスケはお手の物だった。自分が得点せずとも、試合に勝てる。試合を完全にコントロールできる。そう思っていた。

僕がＡＣＬを断裂するまで、２０１１－12シーズンはブルズのものだとみんなが考えていた。前年のカンファレンス・ファイナルではマイアミ・ヒート（ドウェイン・ウェイドに、レブロン・ジェームズとクリス・ボッシュを加えたビッグスリー率いるヒートは、２０１１年のファイナルまで勝ち進んだものの、ダラス・マーベリックスに敗退し、優勝を逃した）に敗退していた。シリーズは5試合で終わったが、レギュラーシーズンはうちが全勝し、プレイオフでもホームで行なわれた初戦を勝利していた。２試合厳しい敗戦があり、第４戦はオーバータイムの末に落とし、シリーズ敗退を決めた試合は接戦だった。１勝４敗とは思えないほど競ったシリーズだった。次こそ僕らの番だという感じがしていた。勝つためには敗北を知る必要があった。ブルズとデトロイト・ピストンズのライバル関係（１９８８－91年にかけて、アイザイア・トーマス率いる通称「バッド・ボーイズ」ピストンズとマイケル・ジョーダン率いるブルズがイースタン・カンファレンス・ファイナルで対戦。３シーズン連続で敗退していたブルズは91年についにピストンズに勝利し、初優勝を遂げた）のときにも言われていたことだ。当時も負けを経験してから、彼らの時代がやってきた。２０１１年は、僕らにとってそれだったんだ。

僕らはいつか優勝するとずっと思っていた。確信していたんだ。ティブス（トム・シボドーＨ

Cの愛称）となら、常にチャンスがあると感じていた。２０１１年のプレイオフでヒートに１勝３敗で追い詰められたときだって、逆転できると信じていた。あの年は、第三戦でオメール・アーシックが怪我をしたんだ。我々にはサイズがあったので、もし彼が怪我をしなければシリーズの行方は変わっていたかもしれない。僕らに自信はあったものの、各試合でしっかりと作戦を遂行できない場面が何度かあった。マイアミはアグレッシブなプレイスタイルなので、それを相手に犯したいくつかのターンオーバーが致命傷になった。振り返ってみれば、もう少し上手くできたと感じることが多かった。

ヒートは第一クォーターから僕にトラップを仕掛け、序盤から疲れさせようとしていた。いい戦略だ。ただ、ティブス率いるあのチームは、相手に決して楽はさせないというメンタリティを持っていたんだ。アグレッシブなヒートを、我々は正面から迎え撃った。ジョー（ジョアキム・ノア）、オメール、カルロス・ブーザー、カート・トーマスといったビッグマンは揃っていた。相手が誰であろうと、簡単な試合にはさせない。楽に終わらせはしない。どんな試合も粘り強く戦い、終わればボロボロになっているような死闘だ。レーンに飛び込んでくる相手には身体を当てる。レブロンが入ってくるのを確認したら、当てにいく。ふたりの選手が止めにいく。僕たちはそういった細かいことからも決して逃げ出さない。かかってこい！

相手は僕にレブロンをつけてくる。シカゴ出身としては、それこそ大歓迎だ。彼を疲れさせるために、できれば試合を通してつけてもらいたいぐらいだった。その場合はパスは選ばない。相手もそれをわかっていたようで、第4クォーターでしかレブロンをつけてこなかった。僕らは楽をさせない戦い方をし、相手の作戦にもしっかりと応えることができていたが、最終的にヒートはすばらしい選手たちがすばらしいプレイを遂行した。試合の途中、我々の方が強いと感じることもあったが、細かいミス、ターンオーバー、オフェンシブリバウンド、セカンドチャンスからの得点、こういった状況での経験の差が出てしまった。それが一番痛かった。でも、我々のときがやってくることも信じていた。過去にブルズはピストンズを乗り越え、ピストンズはボストン・セルティックスを乗り越えている。多くのチームが、勝利する前に痛い敗戦を経験しているんだ。

最も辛い敗戦だったのは2011年のプレイオフ、イースタン・カンファレンス・ファイナルの第5戦だ。残り三分程で10点か12点ほどリードをしていて、試合は我々がコントロールできていると思っていた。これを勝てば二勝三敗、シリーズの行方はまた分からなくなる。マイアミでの次戦にも勝てる自信があり、第7戦はホームで戦える。それだけあと少しで届くはずだったんだ。しかし相手は優れたハッスルプレイを連発し、自分たちのルーティンを守り、接戦に勝利。結局シリーズにも勝利した。

粘り強く戦うチームは僕らの方だと信じていただけに、余計に痛い敗戦となった。終わったあとに、「また体育館に戻ってトレーニングだ」と考えたのを覚えている。確か一週間ほど休んで、また練習を再開した。後味の悪い終わり方だった。

ティブス時代のマイアミ戦はいつも気迫に溢れ、まるでチャンピオンシップ・ゲームのような雰囲気の試合ばかりだった。最高だった。試合を通してブリッツ（ピックアンドロールに対し、ボールマンにダブルチームを仕掛ける守り方）を仕掛けられ続けたこともある。第1クォーターから第4クォーターまでね。僕はレブロンを狙っていたので、彼を使ってくることはなかったが、ただひたすらブリッツ、ブリッツ、ブリッツ。チェスと同じなんだ。プレイオフでは、先に対応できた方が勝つ。相手の方が正しい対応ができていた。僕を早い段階から疲れさせようという作戦を取り、実際にそれは有効だった。ターンオーバーをしてしまったり、単に考えすぎたりした。しかもまともに相手と競るためには、僕が得点する必要があった。自分一人でやりすぎている状況になっていたんだ。相手はそこを突いて、僕がオフェンス面でアタックする体力が残らないようにしていた。賢い戦略だ。

あれをきっかけに、長きに渡って僕の代理人を務めており、過去にリーグで優勝を経験しているBJ・アームストロングと、こういった試合をどうアプローチすべきか話し合うようになった。接戦では自分が何をすればいいかわかっていたけれど、序盤から大きくリードされた試合でも、違う形で試合に貢献できることを話し合った。「14、16点差で厳しい状況だけど、まずは8点差まで持っていこう」と考えられる。流れを引き寄せるんだ。NBAでは試合中に、どちらのチームにも流れがやってくる。すると、やられた側は動きが硬くなるんだ。マイアミにはそれをやられた。

しかし我々はそこから学び、翌シーズンに向けて準備をしていた。僕のチームメイトは素晴らしい選手が揃っていた。まずそこは勘違いしないで欲しい。でもクレイ・トンプソン（現在ゴールデン・ステイト・ウォリアーズに在籍する、リーグ屈指のシューター）のようなスター選手はいなかった。自分でスター選手を勧誘することもなかった。チームにいる選手とプレイするのが当たり前だ。ただ当然、もう一人優れたスコアラーがいることは助けになる。クレイのような選手がいたら良かったなと思うこともあるし、ブルズのフロントも今ならきっとそう思うだろう。ただそれが実現することはなかった。ブルズもそれを認めるだろう。

ジョーはそういうタイプの選手ではなかった。フィジカルな粘り強さで結果を出すタイプだ。ルー（ルオル・デン）、ブーズ（カルロス・ブーザー）も素晴らしい選手だったけれど、オフェンス面で試合を支配するタイプではなかった。それでも、ティブス時代は毎年優勝するチャンス、もしくは決勝まで勝ち進むチャンスがあると信じていた。責任感や期待値、単にチーム構成だけを見ても僕たちはいいチームだった。そしてベテランからルーキー、コーチまで全員がチームを信じ、尽くしていた。ティブスは知っての通り、いつでも全身全霊だ。だからみんなもそれに倣った。フロントもそうだった。ただ、まだ結果を出せていないだけだった。でも、いずれは結果を出す。できないはずがなかった。

２０１１－12シーズンを迎えるに当たって、夏にロックアウト（リーグオーナー等と選手会の間で結ばれるＮＢＡ団体交渉協約の交渉がもつれ、十一月に始まるはずだったシーズンは同年のクリスマス当日にようやくスタートし、本来の82試合から66試合に削減された）があったことが自分にとって妨げになったとは思っていない。通常のトレーニングキャンプが無かったことが、僕のACLの怪我に繋がったと考える人もいる。それはない。僕のルーティンは変わっていなかった。UCLAでワークアウトし、スニーカー会社（L.A.Gear）の会長を務めるかの有名なスティーブ・ジャクソンが保有するレイカーズのレプリカコートにも通っていた。そこでワークアウトをしていたが、ピックアップゲームをすることはなかった。これはコービーから学んだことだ。沢山の選手を見てきたけれど、コービーから学ぶことは多かった。正直、コービーとはそんなに親しいわけではないんだ。一度一緒にスニーカーのコマーシャルをやったことがあって、3、4時間ぐらい待たされたことがあるけれど、それはそれで楽しかったよ。

コービーのすごいところは、彼がワークアウトしている動画がほとんど出回っていないことだと思う。彼は20年もリーグでプレイしていた。彼は偉大な選手で、多くの人が彼のプレイを見てきた。しかし彼はとても秘密主義で、自分の動画が出回らないようにしていた。僕もそうでありたい。つまり彼は「今まで練習してきたことをプレイで見せてやろう」と言っているわけだ。

だから試合で彼がスリーを打ち始めると、周りは「いつの間に打てるようになったんだ？」と驚く。僕もそれを毎年心がけているんだ。僕は「自分を売り込もうとは思っていない。自分はそういうやり方はしない。僕のプレイを見て欲しい」という思いでやっている。

「まじか！　こいつ上手くなってる」と思わせたいんだ。

ピックアップゲームに参加すると、周りに自分の癖が読まれ始める。コーチのいないオープンジムで数回対戦すれば、相手がどうドリブルするのかなど、癖を学ぶことができる。アナリティクスと呼ぶ人もいるが、単純にプレイを見ることで得られるものだ。僕は右利きだけど、左手でドライブすることをみんな知っている。それでも、普段から自分のプレイを見せびらかしていないから、守るのが難しいこともある。

2011年はリーグトップの成績でホームコートアドバンテージを持っていた。2012年も同様だったので、来るべきときが来たのだと感じた。準備期間は終わっていた。そのシーズン中にいくつか怪我はあったが、大きいものではなかった。レギュラーシーズン最終戦となったクリーブランド・キャバリアーズとの試合には出場しなかった。とはいえ、短縮されたシーズンではあったものの、僕は準備ができている、このチームは準備ができていると感じていた。

ブルズ入りして以来、僕の夢はシカゴのために優勝することだった。ブラックホークス（シカゴのNHL球団）が優勝したとき、僕にとってそれがモチベーションになったのを覚えている。あのトロフィーをシカゴに持ち帰ることを夢見ていた。「もう二度も優勝したのか？　僕も優勝しなきゃ。パトリック・ケイン（ブラックホークスのスター選手）のチームはもう優勝している」。パレードや祝勝会を見ることで、僕のモチベーションは上がっていた。シカゴのために、優勝したかった。今こそいける。ブルズが最後に優勝してからもう15年近くも経つ。今だ。準備はできている。僕はまだ若く、それ以外のことはあまり考えていなかった。身体も仕上がっていた。それなのに、フィラデルフィア76ｅｒｓ相手に、あの無茶なムーブをしてしまったんだ。

あのシリーズは楽勝できると思っていた。僕たちが第1シードで彼らは第8シード。シーズン序盤に一度負けていたが、そのあと二回は我々が勝っていた。プレイオフ第一戦も20点差でリードしていて、感触はとても良かったんだ。僕は23得点、トリプルダブル間近だったらしいけど、正直あまりよく覚えていない。自分の得点を覚えていることはほとんど無いんだ。勝ったかどうかだけだ。そうすれば相手は何も言えない。相手がその試合で何をしようと、何点獲得していようと、どれほど格好いいダンクを決めていようと、勝ったのは僕だ。笑顔で帰れる。それが僕のトラッシュトークだ。

僕がボールをパスしながら倒れた時には、膝の靭帯が完全には断裂していなかったのを覚えている。76ｅｒｓのベンチの前で横になっていたのも覚えている。周りが静かになって、僕が腕を頭の上に伸ばしたときに、弾けるのを感じた。脚が震え始め、感覚もなくなっていった。歩くことはできたんだ。実際に立ち上がって歩いた。だから当初は困惑したんだ。「何かが起きたのはわかるけど、とりあえず歩けそうだ」と思っていた。

でも周りからは「ＡＣＬを断裂しても歩くことはできる」と言われた。ＡＣＬを断裂しても歩ける？　嘘だ！

「ＡＣＬ」。選手として聞きたくない言葉のひとつだ。これはバスケでは常に耳にすることだ。

最悪のケースだと。リーグでも「ACL断裂だけは避けたい」とよく言われていた。半月板の方が幾分かマシだと聞く。ACLは離脱時間がより長くなる。

とにかくACLじゃないことを祈りながら病院に行ったのを覚えている。「膝の怪我だけは勘弁だ」。病院に着くとみんな来ていた。泣きながら、重症じゃないことを祈りながらMRIを受けた。そして終わると、ブライアン・コール先生（執刀医）とスタッフが伝えるべきか迷っているのが分かったのだが、結局彼らから伝えられた。そこで僕の人生は変わった。

母さんがそばで「大丈夫、あなたなら乗り越えられる」と言っていたのを覚えている。

僕は号泣し、取り乱していた。現実を受け入れられなかった。「スピードを失ってしまう」と僕は嘆いた。

すると彼女は「何のために必要なのよ?」と言ってきた。

母さんはとにかく僕を励まそうとしてくれたけれど、僕はまだそれに耳を傾けることができなかった。「まず現状を把握させてくれ。そうしたら話し合えると思う。でも今はとにかく絶望している」と考えていた。僕の人生、シーズン、キャリアが全て止まってしまったんだ。「これからどうしよう」という状態だ。自分にそう問いかける必要があった。なぜならそこで全て辞めるという選択肢もあったからだ。生きていくのに必要なお金はその時点で充分に稼いでいた。そこでやめて、満足するという選択肢もあったんだ。

でも母さんは「泣いているけど、私はそれじゃ駄目だと思うわよ。どうするのかしっかり考えなさい」と言ってきた。

一気に現実を突きつけられた。若いころから、僕は夢見ていたものを全て何かしらの形で手に入れることができていた。完璧な道のりではなかったけれど、目的地に着くことはできていた。学校選びだってそうだった。僕は自分はノースカロライナ大学に行くものだと思っていた。結局はもっと小さいメンフィス大学に進学することになったけれど、結果的には良かった。だからこの怪我を負ったとき、「また一からやり直しだ」と思ったんだ。当時はそう考えていた。離脱している間に、自分をしっかりと磨いて、人間として成長しようという考えには至らなかった。そういう考え方はできていなかった。バスケットボールのことしか考えていなかったんだ。だからこそ、怪我をしたことで自分は変わったのだと思う。それまではバスケのことしか考えなかったせいで孤立していた。自分でなんでもできると思ってしまっていたんだ。

あのフィラデルフィアとの試合で、僕が試合終盤になってまで出場しているべきではなかったと考える人が多いことは知っている。点差もついていたし、すでに試合を通してプレイしている時間が長かったのに、出しすぎだと。しかしあの無茶なムーブをしたのは僕自身だ。ミドルを横切って、ジャンプストップし、コーナーにパスを出そうとしていた。あそこでジャンプストップをする意味なんてなかった。身体を当てるとか、ボールを戻すとか、自分がコーナーに行くとか、選択肢は色々あった。無理をしすぎたんだ。

ティブスが僕をプレイさせすぎたと批判する人たちがいると聞いた。ティブスを責めるわけにはいかない。彼がコントロールできたことではない。彼に無理矢理やらされたわけではない。試合に残るという決断は、僕自身が下したものだ。ついていないこともある。僕はそう思っている。

大切なのは、その経験から何を得るかだ。何を学べるか。僕はあの経験から学ぶことができた。自分は当時よりいい選手になったと思っている。本当だよ。当時は試合をコントロールすることがどういうことなのかを分かっていなかった。今はそれができるし、チームメイトとの連携も良くなった。全く違う選手、そして全く違う人間になった。クリーブランドからミネソタ・ティンバーウルブズに行くにあたって、求めていたものはチャンスだった。

ティブスとは、怪我について話し合うことはなかった。彼を責めるわけにはいかないだろう？ジャンプストップや他のムーブをしたのは僕自身だ。やる必要はなかった。無茶なプレイとはそういうことだ。一体なんであんな動きをしたんだ？試合終盤で、勝っていた。なのに、なんでだ？そういうことだ。クレイジーで無意味な、無茶なプレイをしたことで、何が起きたかご覧いただけただろう。

当初は自分をとても責めた。でもそこから色々と考え直すようになり、苦しんでいる人たちの希望の象徴になるためにこの境遇に陥ったのではないかと気づいたんだ。誰にだって苦難や、抱えている問題はある。それに対して、どう対応できるかが重要なんだ。だからこそ、多くの人が僕に共感できるのではないかと感じている。僕にだって苦難は訪れる。それまでの僕は、まるで夢物語に生きているかのようだった。あの怪我を負ったとき、将来のことが頭をよぎったのを覚えている。「これからどうしよう？　まだキャリア三年目なのに、今後どうしていくのだろう？」。ティブスは僕と似ているところがある。彼は相手が信頼できるまで、自分の心を開かない。彼は僕を信頼していることを見せてくれた。だからとても親しい関係になったんだ。今でもそうだ。しかしきっかけはあの怪我だった。あれを境に、全てがリアルになった。

ここでカルマの話をしよう。これは僕が信じているものだと言っていい。そしてこれは母さんの影響。彼女が教えてくれたものだ。母さんは怒鳴ることはなかった。どれだけ辛いときでも、諦めないことが彼女の信念だ。自身の経験を基に色々と話してくれ、彼女の視点から物事がどう見えているのかを僕に教えてくれる。彼女の意見を聞かせてくれる。だからカルマの話をしているんだ。

母さんは現在60代だ。スポーツは何もやっていないけれど、すでに膝の代替手術を二度行なっている。怪我のことで僕を笑う人もいるけれど、母さんでさえ経験しているのを見ると「お前等だって同じ思いをするかもしれないぞ」と思う。僕の怪我を笑った人たちにも、いずれ何かが訪れる。こういうことにはタイマーが付いているんだ。それを正しく管理できるかどうか。神様は僕に自分の身体を学ぶ機会を作ってくれたんだ。どのように体重を落とすべきなのか、身体の作りはどうなっているのか。今ではそういったことを全てわかっている。これからやってくることに対して、どれだけ準備ができている？　彼らにはそれを問いたい。

母さんはただ生活しているだけで二度も膝の代替手術を受けている。だからなんとなく僕もそこに共感できた。彼女はあまりバスケットボールを観ることはなかった。子供たちがやっているからなんとなく観ていただけ。だからあまりバスケや他のスポーツについて話し合うことはなかった。でもこの怪我は、お互いの共通点となった。僕が脚が痛いと言えば、母さんが何かジョークを言う。一緒に怪我について笑い合えるようになったんだ。

自分が表に出したものは、自分に返ってくるというのが僕の考え方だ。カルマとはそういうこと。自分の出したエナジーが返ってくる。母さんがそれを僕に教えてくれた。彼女は常にそれを信じている。母さんが他人を酷く扱うのを、僕は見たことがない。もし誰かを罵っていたら、大体はそれに値するような相手だった。でもほとんどの場合は、言葉を呑んでいる。僕は自分がされて嬉しいように相手にも接している。それも母さんから学んだことだ。いつもそれを強調していた。僕が与える側にいるのは、母さんがそうしてきたから。僕たちは人々が幸せになるのを見るのがとても好きなんだ。些細なことであったとしても、寄り添ってあげたい。聖書にも書かれていることだ。僕はエナジーというものを信じている。自分が与えるものは、返ってくるんだ。

僕はクラブに行って怪我をしたわけではない。交通事故にあったとか、バイクに乗っていたとか、スノーボードをしていたわけでもない。仕事中に怪我をしたんだ！　でもこれをきっかけに、大人になれたと思っている。少し落ち着いて、ペースを落とすこともできた。これだけの怪我を負ってね。少しゆっくりと落ち着いて、人生を楽しむ余裕を与えてくれた。今ではもっと若いころに人生を楽しむべきだったと感じている。

僕には人生の全てを捧げるように信仰している宗教はない。しかし宗教の中でも好きな考え方はいくつかある。大いなる力が存在することは信じている。他人を思いやるべきだと信じている。モーセの十戒を信じている。カルマを信じている。良いエナジーを発信するべきだと信じている。スピリチュアルな生き方を信じている。色んな宗教から少しずつ考え方をもらっているんだ。

正直、どの宗教も詰まるところは忍耐だ。様々な局面で、どれだけ忍耐強くいられるか。人生、苦難は必ず訪れる。それにどう対応する？　例えばＡＣＬをやった後のシカゴのメディア。僕は自分の扱いにとても怒りを感じていたが、それにしてもひどい対応をしてしまった。ただプレイするのではなく、あの状況に対して「ふざけるな！」と反発する姿勢をとってしまったんだ。インタビューも状況をあまり説明せず「ノー！」と答えてしまっていた。

「なんで答える必要がある？」。そう考えていた。「なんで答えるに値しないような奴らに細かく説明してやらないといけない？」。「自分の良い面をこいつらに見せてやる必要なんてないだろう？　ふざけるな」。この対応が間違いだった。なぜなら相手が勝ったことになるからだ。そこで気づき、学んだんだ。これは自分らしくないと。マイアミに移籍することをテレビ番組で発表した時のレブロン（２０１０年にフリーエージェントとなったレブロンは、ルーキー時代から7年間在籍した地元キャバリアーズを出てマイアミ・ヒートに移籍することをテレビ番組で発表し、世間から批判を浴びた）に、少し似ているのかもしれない。ああいう行動をとってから、振り返ってみるとあれは自分らしくなかったと気づくんだ。あの時の対応は僕の成長を妨げたと思っている。とんでもないように聞こえるかもしれないが、だからこそ困難を経験したことは良かったと思っている。これをきっかけに僕の人生もキャリアも救われたと感じているんだ。

今ほど幸せだと感じたことはない。

ACL前の自分に戻りたいとは思わない。今の僕は当時の自分とは違うとわかっているし、もう戻れないということも受け止めている。あれは自分が何者なのかわかっていない人間だったからだ。もしあのままだったら、僕はおそらく自ら孤立し、ボビー・フィッシャー（世界的に有名なチェス選手。15歳という当時としては最年少でチェスの最高位であるグランドマスターの称号を獲得するも、その後、引退と復帰を繰り返し、若くして世間から身を潜めた。天才と同時に変わり者としても知られる）のような人生を送っていたかもしれない。なぜなら僕は偉大さの虜《とりこ》になっていたからだ。昔からそうだった。偉大な人たちがどれだけ自分を追い込み、どこまで成功したのかといった話を聞いたり、調べたりするのが大好きなんだ。自分を追い込むという行為は、僕も共感ができるものだ。例えばブルース・リー。彼がどれだけ自分を限界まで追い込んだのか、そういう話をいくつも読んだ。

これら全てを通して、僕は自分自身がどういう人間なのかを理解することができた。自分がどういう男なのかを知ることができた。そして外の世界には何があるのか、興味を抱くようになった。自分自身で、できるだけ学ぼうと考えるようになった。例えば、アフリカ系アメリカ人が成し遂げてきたすばらしいことの数々について読むのがとても好きだ。彼らが発明し、発見し、乗り越えてきた、多くの人たちが知らないような歴史だ。昔から歴史にはとても興味を持っていた。当時は適した言葉を知らなかったので、彼らの話を読んで、『とにかく諦めなかった』と言っていたのは覚えている。子供だったので、『不屈の忍耐』という言葉を知らなかったんだ。とにかく諦めなかった。やめるということをしなかった。

シカゴで育つというのも、そんな感じだった。シカゴが僕の物語の一部である理由の一つだ。子供ながら、決して引き下がるなと言われて育つんだ。殴り返せ、すぐに殴り返せ、と。二度と誰かに殴られるな。でも僕はそういったアグレッシブな性格ではなかった。僕のキャラじゃないんだ。僕は人に敬意を持って欲しいから、自分もそうやって周りに接していた。その本来の自分が失われ、別の自分になりつつあったんだ。怪我をしたことが、そんな自分への警鐘になった。

そしてこれはただのスポーツ、ただのゲームであり、楽しむためのものだということも学んだ。僕はたまたまそのシステムにぴったりとはまったんだ。まるで駒のように。だが、例え自分では意識していなくても、当然これは束の間の出来事でしかない。そしてそれに気づく瞬間がある。もし僕が怪我をしていなくても、いずれは過去の人にされてしまっていただろうと思っている。今のステフ・カリーを見てみればわかる。ほんの2年ほど前まで、ステフはリーグの全てだった。すると今度はケビン・デュラントがチームにやってきた。ステフがMVPを受賞した時点で、彼がリーグの顔になるような雰囲気だったのに、実際はどうなった？　怪我だ。まるでサーカスだ。

用が済んだらすぐに次の若い選手がリーグの顔になる。

不屈の忍耐。コービーがあそこまでの存在になれた理由だ。だからこそ僕は彼に憧れていた。リーグでずっとナンバーワンでい続けることは不可能だけれど、14年経ってもまだリーグのトップ6だかの地位にいられるのは本当にすごいことだ。彼は多くの逆境を乗り越えてきた。レブロン、トレイシー・マグレディ、ガーネットといった選手たちの全盛期と戦い抜いた。さらにコート外でも色々と問題を抱えていた。それでも彼はとにかく諦めなかった。彼があれだけの選手であったのは、それだけの自制心を持っていたからなんだ。

ＢＪからルーキーイヤーに僕がどれだけの利益をあの街にもたらしているかを聞かされてから、徐々に色々と理解できるようになった。ルーキーシーズンに、ボストンとのプレイオフについてミーティングしているときのことだった。僕はそれまで、そんなことはまるで考えてもいなかった。街に利益をもたらす人というのは、アーティストやコンサートを行なうミュージシャンぐらいだと思っていたんだ。まさか自分がそんな人たちと同じレベルだとは考えてもいなかった。僕がやっているのはチームスポーツだし、チーム全員の話ならまだしも。

でも、気づいたんだ。コービーがプレイしに街にやってきたときに、ファンはクワミ・ブラウン（２００１年に一位でドラフトされたものの、リーグでの成績は振るわず。コービーのいるレイカーズに三シーズン近く在籍した後、ジャーニーマンとしてリーグを転々とした）を観に来るのか？　いや、コービーだろう、と。スタジアムを見渡せば、観客が誰のジャージーを着ている合があれば遠征をしたりもしたが、本当にただバスケをやっているだけだった。子供のころは、大きな試合があれば遠征をしたりもしたが、本当にただバスケをやっているだけだった。もちろんすごい人になりたいと夢を見るが、自分が本当にそうなれるとは思っていない。

実際にそういった状況に置かれたことで、より意識するようになった。僕がやっているのはバスケットボール以上のものなのだと。そして若いころにそれを経験できたことと同じぐらい、その状態が終わって良かったと思っている。あのまま続いていたら、人間として駄目になっていただろう。他人の気持ちなんて気にしなくなり、全てを相手のせいにしていただろう。「お前のせいで気が散る、僕にとって不利益だ」と言っていただろう。全て自分、自分、自分。ブルース・リーやボビー・フィッシャーといった偉大な人たちを思い浮かべてみると、みんなそうなってしまっている。

当時の僕も一緒だった。だから体育館にこもっていた。自分について自信が持てる場所がそこだったからだ。僕はバスケについて自慢したり豪語したりすることはない。ただ練習意欲に関しては誰になんて言われようと、自信を持っている。だから成功すればするほど、ハングリーさは増していっただろう。求めるものが、さらに増えていっただろうと思う。

僕はこれまで起きたことをひとつも後悔していない。本当だ。今後の僕の活躍を見て、「彼はすごいな、プレイスタイルを完全に変えて活躍している」とみんなが思うのを想像すると、それもなかなかクールだとさえ思っている。たとえ僕のストーリーがあまり多くの人に届かなかったとしても、たまたま見てくれた人が僕の努力や、自分にとって何が大切なのかを知り、共感してくれたら嬉しい。

自分が「フープ・マトリックス」と呼んでいる現象がある。僕はそれに囚われていたんだ。僕はこのマトリックス（映画『マトリックス』のような仮想現実）に囚われていたからこそ、「なんで僕がこのリーグのMVPになれないと思うんだ？」なんて発言をしてしまった。まだ二年目の若造だったから、みんなきっと「こいつ一体何言ってんだ？」と思っただろう。でも僕は実際にそれを実現させた。それだけのプレイをし、周囲もうまくはまってくれたから、上手くいったんだ。

メディアや盛り上がりというのは、勝っている人やチームについてくるものだ。僕は完全に行けると感じていた。そこでACLの断裂。僕は母さんに「なんで？　意味がわからないよ。なんで、なんで、なんで？」と問い詰めた。

しかし、こうして歳を重ね、あれから自分がどれだけ前に進むことができ、どれだけ成長したのかを振り返ってみると、今なら理解できる。この経験を通して、僕は若い子供たちの考え方を変えてあげることができるんだ。僕の出身地は、シカゴのサウスサイドにあるエングルウッドだ。若い頃の自分の目標は億万長者になることだった。本当に周りにそう言っていた。でも僕は変わった。今では、いつか財団でも始めて、そこで人々と一緒に働きたいと思っている。今はまだバスケットボールに集中しているけれど、いずれそのときが来たら、自分がいつでもいられるような場を作りたい。何をするにしても、全力を捧げたいんだ。

僕が生まれ育った街の多くの子供たちは、愛情が足りないまま育つ子が多い。彼らは人生で様々なことを経験している。この子供たち一人一人に、君たちは全員必要な人間なんだ、ということを伝えたい。愛されているのだよと。まるでテレビゲームの主人公であるかのように、自分中心に考えるのをやめさせたい。そこに愛は無い。最終的に痛い目に合うのは家族なんだ。

子供たちはとにかく忍耐強くあることを学ばなければならない。誰だって今すぐ結果を欲しがってしまうものだ。だから僕はインスタグラムをやらないようにしている。ソーシャルメディアは、人をせっかちにしてしまう。

この世界に飛び込んだとき、僕はまだ20歳だった。当時はお金のことは何も分かっていなかった。投資だとか株だとかそういったことは何も知らなかった。知るはずがないよね？　お金のことなんて何も知らない内向的な人間が、そういう世界に飛び込んだんだ。リーグについても何も知らない。ただバスケがしたかった。バスケットボールを純粋に愛していたんだ。いいことも、悪いことも、次々と受け流した。そして成功を重ねていった。

でも楽しんではいなかった。ＭＶＰ？　脇に押しやった。受賞したことを噛み締めもしなかったんだ。家族と一緒に食事に行った記憶なんて一度も無い。ルーキー・オブ・ザ・イヤー？　それも取って当たり前のものだった。「ＭＶＰは受賞できた。じゃあ次もまた狙ってみよう」。そんな感じで全てが速く進みすぎていて、予想よりもまるで楽しめていなかったんだ。「まだあと15

年もあるんだから」と、すべてを脇に押しやっていた。だからどんどん、賞でも記録でも、なんでも積み上げていこうと思っていた。集中はできていたけれど、あのマトリックスに囚われた、ナルシストになり始めていたんだ。

プレイするのと同じぐらい遊ぶことを両立できる人は本当に少ない。マイケル・ジョーダンやアレン・アイバーソンぐらいだ。いずれ燃え尽きてしまう。そうやって燃え尽きていった人を何人も見てきた。僕はそうならないように集中しすぎた結果、それによって自分がクレイジーになりつつあったんだ。ＡＣＬが、それを止めてくれた。

Chapter : 3

僕は幼少期をクラックハウス（ドラッグの売買が行なわれるような家）で過ごした。ポーリナ・ストリート7305番地にある小さな家だ。この場所が、僕の考え方や振る舞いの原点にもなっている。クラック・コカインの吸引パイプをおばあちゃんに持っていって「これ何？」と聞いたのを覚えている。すぐさま奪われたので、自分が何か悪いことでもしたのかと思っていた。僕はただのパイプだと思って、まだ燃えているので「爆発する前にこれをなんとかして」という気持ちで持っていっただけだった。

家では僕のものが色々と盗まれていた。僕のベビーリング（子供の誕生を記念して作った指輪）も盗まれた。『Ｐｏｏｈ（プー）』の頭文字Ｐが刻印されていたやつだ。『ホームアローン』に出てくる、会話が録音できるようなテープレコーダーも盗まれた。子供のころはあれを二年ぐらい探していた。二年だよ。自分が失くしたんだと思っていたんだ。実は伯父たちが僕のおもちゃ、ヨーヨーやＧｉｇａ　Ｐｅｔｓ（たまごっちの対抗商品）を売り飛ばしていた。

あの家には10人か11人ぐらい住んでいたんじゃないかな。母の兄弟、そのうちの一人の奥さん、彼らの従兄弟、僕の従兄弟、二人の兄、おばあちゃん。4ベッドルームの家だったけど、5、6箇所に散らばって寝ている感じだった。二階はどこでもベッドルーム化していた。上に行ってソファーで寝たり、ちょっとした廊下があればそこも部屋として使われた。小さなクローゼットも、体が入れば、それは部屋になった。

僕は高校に入るまで母さんと同じベッドで寝ていた。スペースが無かったんだ。それに単純に母さんと一緒にいることで安心できた。兄はだいぶ年上だったしね。すでに近所に出歩いたりしている年齢だ。弟を一緒に連れていくという感じでもなくなる。だから一人でいることが多くなっていた。

狂ったような家庭環境だっただけに、たまに自分がPTSD（心的外傷後ストレス障害）なのではないかと疑うことがある。常に何かが起きている環境だった。例えば従姉妹のキオンドラ、彼女はいつも喧嘩をしていた。しかも大体勝っていた。彼女はタフだった。いいスニーカー、新しいジョーダンをいつも履いていた。小さい頃、ビッグゲームがある時はよく彼女のシューズを借りて履いていたよ。いつもイケてるシューズを持っていたから、足を押し込んで無理やり履いていた。

キオンドラはいつも近所で喧嘩していたから、僕が外で遊んでいると、家の前に4台ぐらい車がやってきてバットや銃を持った人たちが飛び出てくるシーンを何度も目撃した。そういった場面を見てきたから、家で従兄弟たちが二階でレスリングをしていたりして、バタバタ音がし始めると、誰かが彼女を襲いにきたんじゃないかといつも錯覚していた。その度に二階に駆け上がって隠れていたんだ。誰かが殴り込みにきたと思ってね。鼓動はクソほど速くなり、「またあいつらがやってきたんだ」って思っていた。

彼女は今シカゴに住んでいる。うまくやっているよ。あとは友人が年上の知り合いと車に乗っていたときのことも思い出す。その年上の男は誰かを襲撃しないといけない、という話をしていたそうだ。最終的に僕の友達は殺され、もう一人友達が首を撃たれた。彼は死んだふりをすることでなんとか生き延びたんだ。ギャング関連のいざこざだよ。近所で頻繁に起こっていることだったから、それを見ながら成長しなければならなかった。自分が無関係だったとしても、常に周りで起きていることだった。いくら距離を取ろうとしても、そこから完全に逃れることなんてできなかった。

きっと多くの人は、「そこに住んでいるアフリカ系アメリカ人が人を殺しまくっているんだ、あいつ等は何も考えちゃいない」と言うだろう。でもそれは誰も口にしない、静かなる人種差別《レイシズム》だ。彼ら自身が始め、そしてこの現状に繋がっている差別。2019年にもなれば、我々は人として成長しているべきだと思うだろう。奴隷制度があった頃からもうだいぶ経っている訳だからね。

アメリカではみんな自分たちはすばらしく、進歩しているふりをしたがる。一体何が素晴らしいんだ？　現実と向き合えもしないのに、何がすばらしいんだ？　現実では、人々が虐待されている。現実では、一生懸命頑張って学校を卒業すれば一生に一度のチャンスが得られると言っておきながら、実際は何をしたってチャンスなんて与えられない人が大勢いるんだ。ドアに足を一歩踏み入れることだって許されない。

僕みたいな環境で育つと、簡単に引っかかってしまうような罠がそこら中に沢山仕掛けられているということを、多くの人は理解していない。この地域では多くの人がその罠に囚われる。そして、多くの人が刑務所に投げ込まれる。奴隷の時代よりも多くの人々が刑務所に入れられているんだ。

学校の場合はどうだ。閉鎖される学校はどこにある？　サウスサイドの学校ばかりだ。挙げ句の果てには、すでにお金を持っている層が通っているような私立の学校に支援金が回る。僕らが使っている教科書や教室や試験勉強用の教材を見て欲しい。シカゴの他の地域が使っているものとは雲泥の差だ。そしてこういう話になると、「働かずに金が欲しいだけだ」と人々は言う。クソ食らえだ。僕の母さんは仕事を二つ、三つ抱えて常に働いていた。母さんが僕より先に家を出た場合、僕はたまに学校をズル休みしたりしていた。でもいつも僕がちゃんと登校しているか確認するために電話をかけていたね。母さんが帰ってくるのは、バスケの練習が終わったころ。秘書だとかありとあらゆる仕事をしていたけれど、それでもお金は足りていなかった。賃金が安かったからだ。彼女は、いつも働いていた。

デイリー一家がシカゴを仕切っていたときにしたことを見て欲しい（1955-1976までリチャード・J・デイリーが、1989-2011まで息子のリチャード・M・デイリーが市長を務めている）。ダン・ライアン高速道路（1961年に建設された高速道路）があの場所に作られたことに深い意味は無いと思っているかい？　あれはサウスサイドの地域を切り離し、デイリー一家がいるブリッジポート地域を守っているんだ。ブリッジポートには警察が沢山いて、その地域を守っていた。そして彼らが公営住宅と呼ぶ建物が建てられた。人々はその高層ビルに押し込められ、まるで監獄のようだった。

シカゴはどうせギャングやドラッグだらけだなんて聞きたくない。シカゴは何で知られている？　アル・カポネとイタリアンマフィアだろ？　色んな映画で描かれている。1893年の万博はどうだ？　多くの女性が行方不明となった話（当時、万博への来訪者を狙った連続殺人鬼、H・H・ホームズのこと）は聞いたことあるかい？　誰もそういうことについては話さないのに、シカゴが突然おかしくなったかのように言われる。黒人が狂ったことをやっているせいだということにされる。狂った黒人どものせいだってね。悪事を働いていたのはデイリー市長の一家だ。当時はギャングを使って黒人の住む地域で暴力を振るっていた。なのに問題なのは我々の方だって？

今は手の付けられないような状況になっているが、これが突然起きたことかのように言わないで欲しい。ここシカゴでさえ、アフリカ系アメリカ人にとってどれくらいのチャンスがあるのだろうか？　シカゴはよく見ると、人種的に分断されている街だ。説明しよう。シカゴではお金を持っていたとしても、アフリカ系アメリカ人が特定の地域で不動産を買おうとすると問題に直面する。僕もダウンタウンで不動産購入を断られたことがある。当時付き合っていた女性がサロンを開業できるように、ミシガン通りの近くにある店を買おうとしたんだ。断られた。お金はもちろんあった。客層が「アーバン（元々は「都会的」という意味だが、近年では黒人層を暗に示す言葉）」になるという判断で断られたんだ。意味がわかるかな？　「彼ら」のミシガン通りに我々のような奴らが「来てしまう」という認識なんだ。

ただでさえ僕らの住む地域にはお店や企業があまり無いため仕事も少ないのに、自分たちで何かをやろうとすると、駄目だと言われるんだ。駄目だと言われているのは我々の方なのに、それでも僕らに責任があるのか？

こんな状況で、どうすればコミュニティとして成長できるというんだ？

だから結局ドラッグを売ったりするんだ。大した量でもない。兄たちもやっていた。家族を養うためにね。ドラッグを扱うギャングとか、そういう大げさなものではない。

でも、この辺りで売買されるようなドラッグだと、捕まったら牢屋にぶち込まれる。アルコールはドラッグじゃないのか？　タバコは？　それらは多くの白人企業の儲けになっているから問題無いんだ。交通事故で亡くなる人の数は、ドラッグが原因の場合と、飲酒運転が原因の場合のどちらが多いと思う？　それでもアフリカ系アメリカ人に問題があるのか？　だから僕はエリック・ガーナー（２０１７年にＮＹのスタテンアイランドで、警官に逮捕される際に絞め技をかけられたエリック・ガーナーが死亡。繰り返し〝I can't breathe（息ができない）〟と訴えていた一部始終が動画に撮られており、後日抗議運動が起こった）がニューヨークで殺されたとき、〝I Can't Breathe〟と書かれたＴシャツを試合で着たんだ。

僕はこの街の子供たちのことをよく知っている。彼らが本当に変わりたいと思っていることも知っている。彼らは他の人と同じようなチャンスが欲しいだけなんだ。だからこそ、自分の出身地には本当にそれだけのチャンスがあるのか、自分に問いかけ続けている。成功を収めた今でも、この地域の人たちの生活を改善する支援をしてくれる人を見つけることに苦労しているんだ。まるで、どの角度から行っても遮られるシステムの中にいるようだ。

そもそも職探しをしようとした場合、学歴が問題になってくる。学校について考えてみて欲しい。なぜ大学に行くのにこんなにお金がかかるんだ？　出身地を理由に教育を受けられないような子供たちを沢山生んでいる国なんてあり得るか？　保険医療だって同じだ。病気になったせいで破産する人が沢山いる。それは本当にフェアなことなのか？　より賢く、健康な人たちを増やすためにこそ、国は動くべきなのでは？　それこそが人々にとっても、国にとっても最適なことのはずだ。世代を追って人々がより賢くなることが目的であるはずだ。じゃあなぜそこに莫大なお金がかかる？

社会を進歩させることが人類の目的なら、本当にそれを気にかけているのであれば、それに対してお金を払う必要がある。それを賄える億万長者なんて、ニューヨークだけでも沢山いるんだ。狂っているよ。なぜ教育と健康にお金がかかるんだ？　子供のころはよく分かっていなかったから、あまり考えなかったようなことだ。僕にはバスケットボールがあって、それが僕や家族にもたらしてくれたことをとても幸福に思っている。でも年を重ねて振り返ってみて、次の世代の子供たちの姿を見ると涙が出る。

僕らの多くは家に父親なんていない。それだけで多くの子供たちの家庭環境は大変になる。僕は本当に強い母さんがいて、兄さんたちや、他にも親しい人たちがいたからラッキーだった。でも多くの子供たちは家庭環境で苦しむんだ。希望なんて持てなくなる。

今の僕は、これを原動力に動いている。行動で示すんだ。構造的に組み込まれた問題を一つ一つ説明しないといけなくなるから、言葉で説明するのは難しい。あの子供たちがより良い生活を送りたいと思っていることは知っている。僕はよく彼らの周りにいるし、そういう子たちもたくさん知っている。でも多くの場合、彼らにはチャンスすら与えられない。リソースが全く無いんだ。だから毎日、朝から晩までサバイバルモードだ。「次はなんだ？　何が起きてる？　そうか、あっちの通りに行ったら危ないな」ってね。

同じようにチャンスを与えられない子供たちはごまんといる。だから子供のころに言っていたように、何十億ドルも持っていればいいのになと考えてしまうんだ。それだけあれば、今社会で起きている多くのことに影響を与えることができる。でも僕はいつかそれをやるよ。いつかまたそのレベルに達してやる。

今自分にできることは、エングルウッドで市場に出た物件を調べること。今はまだバスケットボールが自分の中で最優先なので、そこまで何件も購入していない。一度に二つのことを追いかけることはできないと思っている。今はまだバスケに集中だ。そんな中でも、人知れずとも、できるだけ支援していこうとしている。それが僕のやり方なんだ。

これまでにも、ジョアキム・ノアと彼の財団、そしてマイケル・フレーガー神父（シカゴのサウス・サイド出身で、長年同地域のカトリック教会で神父を務め、社会運動にも貢献している）とともに暴力反対運動をやった。ポーリナの自宅近くにある、僕が通いつめたマレー公園のリングとコートも直した。昔はいつもあそこにいて、冬は雪かきをしてプレイしたな。子供たちがプレイできるコートを確保できるように直したんだ。そしてアフター・スクール・マターズ（クラスやインターンシップなどを通じて放課後や夏季の高校生を支援するシカゴの非営利団体）のプログラムに百万ドルの寄付をした。

僕のようにバスケットボールで成功を手にする人はそうそういないので、ローズ・スカラーズの奨学金プログラムについてはとても誇らしく思っている。２０１８年11月にはテネシー州のアルベルト・オルティズがミドル・テネシーステイト大学で学ぶために1万ドルを受け取っている。アラバマ州のマディソン・カルムシュ＝ソワードには2万ドル。ローズ・スカラーズの大賞を受賞したフェニックス市のギャブリエル・リーはミシガンステイト大学でキネシオロジーを学ぶために20万ドルを手にした。

彼らの将来がとても楽しみだ。人のためにこういったことができることを、とても嬉しく思っている。これこそが僕のやりたかったことなんだ。社会に貢献するためには、まずは子供たちだ。僕には若いころからＮＢＡという道があったけれど、それは本当に稀なことだと分かっている。僕は幸運で、むしろ自分の意思に関わらず、この道を提示されているほどだった。もちろん文句は無かったけどね。正しいところで貢献をしたいと思うのであれば、それはやはり教育なのだと思う。バスケットボールのキャリアが終われば、もっと直接関わることができるだろう。僕の子供たちもきっとそれを見て、誇らしく感じてくれるはずだ。

沢山の従兄弟や子供がいる家族や家庭環境、地域で育っただけに、子供たちを助けたいという思いが強い。奨学金の何が好きかって、誰かを助けるだけでなく、コミュニティ自体のためにもなるところだ。みんなにとってより良い場所にする手助けになるし、彼らが自分たちのコミュニティに戻って、さらに貢献してくれるかもしれない。若い世代の面倒を見ることが大切なんだ。

あとは葬儀費用を出したりもしている。なるべく大袈裟なことにならないように、静かにね。遺族の方々の状況がわかるからだ。葬儀にどんな費用がかかるのかはわかっている。今までに何度も経験済みだ。誰かを埋葬したいのに、お金が足りない。愛する人を、何とか敬意のある形で埋葬したいという想いから、必死になってお金をかき集めるあの気持ち。最悪だろう。

僕もそれを経験してきた。家では一番若かったから、いつも年上の会話を聞いていた。もしかしたら、聞いてはいけないような会話にも耳を傾けていたかもしれない。でも僕の近所では誰かが死んだとか、死んだからどうしようという話はよく耳にする話題だった。悲しいことだ。しかも彼らには、きちんと葬式を出すお金すらない。今もなお誰かが殺されているのに、葬儀費用をどうやって捻出するか心配しないといけないなんて、酷い話だろう？

今はもうあの地域に住んでいないが、それでもあそこで何が起きているのかは常に知っておきたい。だから今でもあそこに住んでいる知り合いとコミュニケーションを取るようにしている。何が起きているのかを教えてくれるんだ。たまに戻って、購入できる不動産はないか、地域を改善できないかと見て回ることもある。僕はいずれこういったことを活動の中心にする必要があるんだ。今なら投資の仕方もわかる。経済面でしっかりとした考えを持つようにしてくれた、前の代理人のアーン・テレム、代理人のＢＪ・アームストロングといった素晴らしいチームもいる。アーンとＢＪには、恩義がある。今振り返ってみれば、彼らは本当にあらゆる面で面倒を見てくれて、心から感謝している。何も取り損なうことがないように気を配ってくれた。右も左もわからない僕を利用することだってできたはずだ。でも彼らはそれをしなかった。

僕の物語はこういった苦しみを理解している人のためだと思っている。彼らなら僕に共感できる。今でも、僕をそういうイメージで見ている人はそこまでいないかもしれない。でも僕が経験してきたことに共感できる人は沢山いる。僕は決してソーシャルメディアで面白いことはできない。みんながやっているように、インスタグラムとかでファンを楽しませることはできていないと思う。でも何かしら感じ取ってくれるんじゃないかと思っている。嘘を付かずに自分であり続けることで感じてもらえることとだ。なぜかメディアはそんな僕のことを騒ぎ立てたこともあったけれど、大切なのは、自分であり続けることなんだ。

さっき話にあがった〝I can't breathe〟のＴシャツのように。僕が育った場所は、彼が殺された場所と似たような界隈だった。同じような店先は僕の近所にも沢山あった。僕があいった状況にいあわせて目撃する可能性だってあった。警察相手に一体何ができただろうか？「え、え、首絞めてるよ！　殺すつもりか？」と言うぐらいが関の山だろう。

　僕はあれを見て、親友のランダルにあの言葉を無地のTシャツにプリントしてくれとお願いした。やめてくれという懇願だ。２０１４年の12月、ブルズ対ウォリアーズ戦だった。それを着てコートに出たとき、それを見たチームメイトたちが衝撃を受けたのを見て、より多くの人たちにも訴えかけることができると分かった。僕に対してどうこうというよりも、それぞれが何かを感じて、考えていたのが分かった。

　怒る人たちは出てくるだろうか？　普段はあまり口を開かないタイプなだけに、余計あの行動は大きく注目されたのだと思う。でもそういうことなんだ。何かシンプルなことでいい。僕が気にかけていること。それが誰かの助けになる。そうやって表現したかった。

　おかしな話なのは、僕は警察とああいったことになったことがないんだ。僕はライトスキン（黒人の中でも肌の色が薄い人を指す）だけど、僕が育った地域ではそれが大きな意味を持っている。ライトスキンだと、軟弱な奴だと思われるんだ。僕は近所で喧嘩することはなかった。喧嘩は友達としかやらない。でも少し虚勢を張って歩き回っていた。自分がタフであるかのように、いつでも戦えるぞという雰囲気を出さないといけないんだ。「そっちからけしかけて来ない限りは見逃してやる」という雰囲気だ。

　高校では一度だけ捕まったことがある。サイコロ賭博だ。これも僕がライトスキンだからだ。

冗談ではなく、警察は僕が一番無害そうだったから僕を捕まえたんだ。17か18ぐらいまで前科として残っていた。それ以降何もやっていなければ、前科は記録から消される。15歳のときだ。学校の裏で、20〜30人くらいがサイコロ賭博をやっていた。僕はコートでバスケをやっていたんだ。そこにいつの間にか警察が紛れ込んでいた。すると、サイコロをやっていた子たちが突然バスケをやっているふりをし始めたんだ。「次俺な！」とか叫んだりしてね。警察に捕まらないようにウロウロしていた。

僕はコートでドリブルをしていたんだ。すると警官がやってきて、30人ぐらいいる中から僕を選んだ。なぜ？　無害な奴だと感じたのだと思う。他の子たちは逃げ回るだろうけど、僕は問題を起こしたくないということを見抜いていた。逃げれば撃たれる。何度も見てきた光景だ。だから僕が牢屋に入れられた。6時間ぐらいだったかな。母さんは仕事から早退する羽目になった。サイコロをやって牢屋に入れられたことよりも、早退しないといけなかったことに怒るんじゃないかと心配だったけれど、母さんは落ち着いていた。兄さんたちが問題を起こすことに慣れていたおかげだと思う。彼らにくらべて、僕のやったことならさほど大したことではないと分かっていたんだ。

兄さんたちはよく問題を起こしていたけれど、ほとんどは大した内容ではなかった。僕と一番上の兄以外はみんな若い頃にドラッグを売っているんじゃないかな。「あいつには関わってはいけない」みたいなイメージの犯罪組織のリーダーとか、そんなレベルではないけどね。近所に迷惑をかけたり、騒動を起こすようなタイプではなかった。でも僕ら兄弟には、ちょっかいを出されても、絶対に屈しないという雰囲気はあった。僕らは決して誰かを威嚇したりしているわけではなかった。僕は周りとは違う雰囲気を持っていたのだろう。エゴをむき出しにすることもない。誰かに対してこうしろ、ああしろだとか言わないし、言ったこともない。むしろ周りに人がいるときは、ほうっておいて欲しいタイプなんだ。

兄さんたちはハバード高校に通っていて、三人ともバスケをやっていた。ウェインはそこからアムハースト大学に少しだけ通った。レジーは短大に行ってから、アイダホ大に行っている。アランはペンシルバニア州のロバート・モリス大学でバスケをやるはずだったんだけど、結局行くことはなかった。ある日、兄のレジーが僕のところに車でやってきて「アランはどこだ？」って聞いて、すごいスピードで走り去っていったから、何かあったのだと察した。

家に帰ると、レジーがアランをボコボコにしていた。アランが大学に行かないと言い始めたからだ。それを見ながら僕は「大学に行かないと言ったからボコられてるの？　こりゃ自分は大学行かないとな」って思ったよ。

アランは兄さんたちの中では一番のプレイヤーで、奨学金も手にしていたのだけど、彼はあの生活に囚われの身になってしまったんだ。彼は僕にとっての反面教師となった。あそこの生活がどう兄を変えていったのかを僕は見てきた。ドラッグをやってはいないけど、売人をやっていた。ギャングに所属してるわけでもなく、ただ家族を助けるために、生き延びるために。あの地域のドラッグの売買はほとんどそういうものだった。ダウンタウンで店を開いて、人を雇うことも許されない。2018年終わりのターゲット（大手小売チェーン。2018年にシカゴのサウスサイドにあった二店舗が閉店になり、代わりにより裕福なノースサイドに店舗が建てられた）のように、あの近所ではどんどん店が潰れていく。そしてもっといい地域で新規開店するんだ。ほら、また職が沢山奪われた。僕はドラッグを売ったりすることはなかった。兄がやっている姿を見て、僕は絶対にこの道には進まないと誓ったんだ。

アランは僕が知ってる中でもかなりのクソ野郎だ。みんなを苛立たせる。僕が若いころはいつも彼にいびられていた。しかもしょうもないやり方でね。僕は学校の成績はそれなりに良かったんだ。高校で『F』評価をもらったのは一度だけだったんだけど、成績表で一度『D』をもらったときの話だ。アランは「Dはダミー（馬鹿）のD」って言うんだ。そういった些細なことだよ。でも彼は賢かったから、僕は何も言い返せなかった。ある夜、彼が部屋でドラッグを袋詰めしてるときに、僕もその部屋にいたことがあった。彼は僕を褒めたことがなかったけど、その日はいつもと何か違った。

彼は「今俺がやってるようなことには絶対に手を出すな」と言った。僕はただ一緒にいたくて、彼の部屋でダラダラしてるだけだった。すると彼はもう一度言った。「絶対にやるな」。

僕は「その心配はないよ」と答えた。

「いいか、お前はやばいやつなんだ」と彼は言った。

これは良い意味でのやばい、バスケが上手いって意味で言ってくれたんだ。それを聞いたとき「僕がバスケできること知ってるんだ」と驚いた。母さんはまだ知らなかった。まだ小学生だったから、僕がどれだけバスケが上手いかなんて、ほとんど誰も知らなかったんだ。でも色んな人から口づてに「お前の弟なかなか良いぞ」と聞いていたようだった。

僕がちょっとバスケができると最初に気づいてくれたのは彼で、忠告してくれたのも彼だった。自分と同じ道を辿らないように注意してくれたんだ。

そんな風に、近所のことは近所の人同士で面倒を見ていた。僕自身、沢山そういうのを見てきた。「あいつをいじめる意味あるか？　デリックをいじめてもすごいことじゃない。彼は大人しいし、自分のことをやってる。それにバスケがめちゃくちゃ上手いんだ」といった理由で、いじめられなかったのだと思っている。

次第に、僕に将来性があることが近所中に知れ渡るまでになった。想像して欲しい。僕は小さい頃から毎日ヤク中の人に出くわしたり、危険と隣り合わせだったけれど、僕には夢があることをみんなが知っていたおかげで、手を出されたり傷つけられたりしたことはなかったんだ。お前ならやれる、ここから出られる。そんな風に言われたことは一度もなかったけれど、みんなの中ではそれが暗黙の了解という、不思議な感覚だった。

僕はドラッグを売ったことはないけれど、ギャンブルはしていた。サイコロとバスケットボール。それが僕のゲームだった。今から話すディオンってやつは、今ではもう亡くなっている。若い頃、彼は僕にとってちょっとした憧れだったんだ。彼はボーガン高校でバスケをやっていて、とてもお洒落だった。僕は近所でだんだん名を上げ始めていたから、ディオンは僕が彼の座を狙っていると感じていた。僕はまだ6年生。彼は高校生だった。

ある日、玄関先で子供たちの声が聞こえてきたんだ。ドアをバンバン叩きながら「プーどこにいる？　外に出てこいよ。ディオンが悪口言ってるぞ」と言うんだ。

「どういうことだ？」と思った僕は、二階に行って従姉妹の新しいジョーダンに無理やり足を突っ込んで、家から忍び出た。

公園に着くと、彼ら年上の連中が待ち構えていた。「あいつを連れてこい。やっつけてやる！」と口々に言っている。近所中の目の前で1オン1だ。

でも勝ったのは小さなプー、僕だった。最高だったよ。大きな試合やトーナメントじゃなかったとしても、こういった瞬間こそ記憶に残る。本当に嬉しかったんだ。6年生の僕にとって本当に大きな一日だった。そしてそこで何かが違うと徐々に気づき始め、近所でも噂が広まっていくようになった。大人と一緒にプレイしている子供は僕だけだった。そして自分が住んでいる場所以外にも世界は広がっているんだと理解したのも、そのときだった。

初めてうちの近所の外に飛び出したのが6年生のときだ。ＡＡＵでプレイするようになり、ミネソタへ行った。州外に出るのは初めてのことだった。そこで初めて、自分の状況は変わり得ることを理解したんだ。テレビや雑誌を見ていれば、違う世界で生きている人たちがいるのはわかるけれど、どこか現実味が無かった。でもミネソタに行って初めて外の世界を目の当たりにしたとき、ようやく現実的に思えるようになった。でも自分に何ができる？　まだ子供だ。

自分の近所を出てシカゴのダウンタウンに初めて行ったのもまた、6年生のときだった。クレイン高校の体育館で行われた決勝戦に出場したんだ。車で行く途中に道に迷って、そのついでに初めて間近で高層ビルを見ることができたよ。


僕の母さんは人種差別をする人ではない。全員に対して同じ接し方をするので、白人がどうこうという話を聞くことはなかった。僕がどんな子か分かっていたからか、母さんから人種について説明を受けたりしたことはなかった。警察がどうこうとかも、母さんから聞いたことはなかった。僕があゝいう目に合わなかったことは本当に幸運だと思う。初めて人種問題、差別主義者を見たのは実はテレビ番組の『ザ・ジェリー・スプリンガー・ショー（センセーショナルな話題ばかりを扱った視聴者参加型のトークショー。ジェリー・スプリンガーはプロデューサーであり司会者を務めた）』だったんだ。

叔父の部屋のテレビの前を横切ったときに見たのを覚えている。番組にKKKが登場していた。意味がわからなかった。6、7歳のころだった。人はみんな愛し合っているものだと思っていた僕は、それを見て泣き始めた。僕は高校生になるまでろくに白人と会ったり話したこともなかった。初めて白人と同じクラスで授業を受けたのは、大学だった。でも小さいころは、全員一緒だって信じていたんだ。

僕の近所ではよく拳銃で殴られている人を見かけたり、近くで銃声が聞こえたりしていた。公園でバスケやサイコロをやっていて、銃声が聞こえると一瞬みんな止まるんだ。音でどれぐらい離れているのかが分かる。何度も聞いていると、どれぐらいの音だと危険か分かるようになるんだ。「この音ならまだ家に逃げ込まなくてもいい」。慣れてきちゃうんだ。「これは2ブロック先ぐらいだ、まだサイコロできるぞ」といった具合に、何個先の通りで起きているかが分かるんだ。僕の近所はそういった状況だったし、他にも似たような場所は沢山ある。

ケンタッキー州のハットフィールド家とマッコイ家の争い（19世紀後半に、ケンタッキー州とウェストヴァージニア州に住むハットフィールド家とマッコイ家が約30年間繰り広げた抗争）は聞いたことある？　お互いを殺し合い続ける抗争。アフリカ系アメリカ人はそういった暴力の文化に囚われている感じだ。うちの近所の人たちに、自分の親戚を三人も殺した相手を憎むな、争うのをやめろなんて到底言えたもんじゃない。相当強い人でない限り、殴られた頬と逆の頬を差し出すことはできない。失った家族や友人の数が多いと、なかなかそうはできないんだ。

ディオンもその一人だった。彼は朝7時に撃ち殺された。彼の弟が何かやったからという理由でだ。僕の育った近所では、自由に歩き回ることなんてできないんだ。危険すぎるからって夏の間に弟を違う場所に住まわせていた友人もいる。少し前に、僕の近所ではＡｉｒＰｏｄｓを付けていたという理由で殺された男の子がいる。彼は撃たれていることすら気づかないまま殺された。

しかも彼には双子がいて、違った方が殺されたんだ。そんな生活環境だ。そんな生活をしないといけないなんて間違っている。

僕の家だってそうだ。僕は毎晩ゴキブリに噛まれていて、母さんは夜中にみんなが寝ている中、ベッドの周りに殺虫剤を吹きかけて回らなければならなかった。朝起きるとゴキブリに噛まれた痕があって、その痕をそのままに学校に行かないといけない。いくら退治しても、次から次へと出てくるんだ。害虫駆除のために家を燻した日に、どこかデパートで時間を潰したあと、家に帰ってみんなで死んだゴキブリを掃除したのを覚えている。

そんな僕が今は友人と家でチェスをしている。こんなの想像もできなかった。近所の子たちがやっているのを見て、僕は6、7年生（7年生は日本の学年では中学1年生に相当）のときにギャンブルをするようになった。銃殺事件がしょっちゅうあるからマーダー（殺人）公園と呼ばれていたマレー公園にいつも行っていた。ブルズの試合が何時にあるか忘れてしまうぐらい公園に入り浸っていた。そこで年上の子たちや大人たちと沢山プレイもした。シュートせずに試合をコントロールすることを学んだのはあそこだろう。彼らは、あんまりシュートばかりしていると一緒にプレイしてくれなくなるからね。

レジーが、僕のシュートタッチは彼から、跳躍力はアランから、ボールハンドリングはドウェインから譲り受けたものだって言っていたのを覚えている。スピードは僕自身のものだ。レジーのベルト（でぶたれること）から逃げるためだって彼は言っていたな。

Chapter : 4

小さいころはNBAについて何も知らなかった。シカゴにはブルズっていうチームがいて、勝ちまくっているということだけは知っていた。単純にバスケというスポーツが好きだっただけで、特別に思い入れがあるチームも無かったし、好きな選手もいなかったんだ。今は聞かれると、このスポーツへの影響力なんかを考慮して、MJだって言うけどね。でも若いころは、特にジョーダンがプレイしているからといって、テレビに釘付けになっていたわけではない。別に彼がどうとかではないよ。単純に僕がそれだけバスケットボールに没頭し、当時たくさん勝っていたからなんだ。

実はテニスにも一度挑戦したことがある。マコーミック・プレイス（シカゴにある北米最大のコンベンション・センター）でラケットを使わせてくれるプログラムがあったんだ。結構勝って、トロフィーを貰ったりもしていた。母さんがまだ持っているはずだ。でも続けるにはお金がかかりすぎるスポーツだった。野球も少しやったけど、コーチがヤク中だった。コーチが真面目にやっていないなら、子供たちが真面目にやれるはずがないという結論に至ったんだ。だから野球はやめた。バスケットボールは一人で公園に行って、いつでもできるからね。

そしてあるとき、バスケを生業にできるということを知った。それまで考えたこともなかったことだった。それ以来だね、バスケ界で何が起きているのか気にするようになったのは。ここでOJ・メイヨ（ローズと同じ2008年に全体三位でドラフトされた元NBA選手。年齢はローズの1つ上で、高校時代はイリノイ州と同じ中西部のオハイオ州でプレイしていた）という選手について話をしたい。彼こそが、僕が追っていた一番のビッグネームだったんだ。僕が7年生のとき、初めて間近で見たベストプレイヤーだった。彼が僕の物差しとなったんだ。僕にとってのマウント・ラッシュモア（アメリカでは自分が選ぶ何かのトップ4を4人の大統領の胸像が掘られたラシュモア山に例えることがしばしばある）。いつも「OJと対戦できれば」と思っていたんだけど、直接対決の試合は中止になってばかりだった。

ようやく、高校時代のある夏に対戦する機会が訪れた。本当にクレイジーな彼の4ポイントプレイで相手が勝利。誰かを追いかけるという意味では、その存在は僕にとってOJで、目標は彼以上の選手になることだった。リーグ入りしてからも、OJのことを意識していた。

しかしブロン（レブロン・ジェームズ）について、同じ気持ちになるとは予想していなかった。ブロンを見るまでは、OJが最高だと思っていたんだ。でも彼を見たら「マジか、全く別のレベルがあるんだな」って感じたよ。ブロンのプレイは好きで沢山見てきたけど、リーグ入りしてから実際に対戦するとレベルの違いを感じるんだ。

ポーリナ通りからは、のちに引っ越すことになった。7年生のときはサウスマーシュフィールド7257番地に住み、高校の時はサウスタルマン6701番地に住んでいた。おばあちゃんが亡くなったことを受けて、母さんが引っ越すことを決めたんだ。この時点で、叔父たちはかなりドラッグを使用していた。そして住んでいる地域にはまるで職が無かったので、仕事もしていなかった。母さんはなんとか色々と支払いをしていたけれど、それにも疲れてしまった。だから僕が高校1年生のときに、アランと母さんと一緒に引っ越したんだ。

僕はお金を稼ぐためにサイコロ賭博と賭けバスケを続けた。バスケでは負けることはなかった。大きな試合では5百ドルとか千ドルというお金が賭けられていた。あとは、ガソリンスタンドでガソリンを入れるのもやっていた。母さんを助けるため、そして一度はペットのためにやった。高校4年生（日本の学年では高校三年生に当たる）のときに、友達と一緒に子犬を飼うことになったんだ。友達の母親には飼っていいと言われたけど、餌を買うお金がなかった。そこでどうすればドッグフードを手に入れられるかを二人で考えたんだ。そこで「僕はライトスキンだ。一番無害そうに見える。ガソリンスタンドに行って、代わりにガソリン入れるよって話しかければお金をくれるんじゃないか」と思いついた。これもまたみんなのために稼ぐ方法の一つだった。

僕の家はクラックハウスだったと言った。確かにドラッグをやっている人はいたけれど、でもそれだけではなかったんだ。こういうのをパラドックスと言うのかな？　僕の家は、行くのが楽しい場所にもなっていた。ドラッグのためではなく、子供たちが遊びに来たがる家だったんだ。僕はいつも家から出たがっていたんだけど、他の子たちは「プーの家に行こうぜ。うちの家はルールが多すぎる。お前の家に行こう」という感じだった。母さんを筆頭に、大きな家族だったことや、家が賑やかだったことをみんな気に入っていた。母さん自身もいつもトランプとかゲームをして遊んでいた。笑い声の絶えない家だったんだ。

それでも僕は子供のころに二回死にかけたことがある。馬鹿みたいな話だ。一度は友人のジョシュといたとき。7月4日の独立記念日だった。うちの家は通りの角から二軒目だったのだけど、その角にはレッカー車が停まっていたんだ。もう30年以上そこに放置されていた。僕らは12、13歳くらいだった。ジョシュはトラックのところまで行って、ガソリンタンクのキャップを外して、火を投げ込んだ。何も起こらなかった。もう一本、火を灯したマッチを投げ込むと、ものすごい勢いで火炎が放射されたんだ。そこらじゅうが炎に囲まれ、逃げ回っても追ってくるようだった。ジョシュの手も燃え上がっている。僕は「お前のお母さんに一体なんて説明するんだ？」とパニック状態だった。彼の手はすぐに水ぶくれになり始めていて、膿が出まくっていた。親には死にかけたなんて言えないから、花火でこうなっちゃったって嘘をついたよ。

もう一度は、漂白剤を飲んだときだ。近年流行ってたTide Pod（液体洗剤が入ったカプセルを食べるTide Pod ChallengeがＳＮＳで流行った）みたいにわざと飲んだ訳じゃないんだ。友達と外で走り回って鬼ごっこをしていた時のことだ。30分ぐらい駆け回っていて、水を飲みに家に戻ったんだ。母さんは洗濯をしていて、テーブルの上には洗濯物がいっぱい乗っかっていた。そして大きなコップがふたつ。中を見ると透明だった。まだ鬼ごっこの途中だったから、僕は「すぐ戻らないと」と急いでいた。水に見えたから、「やった、母さんが水を出しといてくれたんだ。入れる手間が省けるや」と思ったんだ。飲んだところまでは覚えているんだけど、次の瞬間、僕は眉毛に牛乳がついている状態で目が覚めた。母さんによると、僕は気を失い、嘔吐し始めたそうだ。医者に連絡したところ、牛乳を飲ませるように言われたらしい。牛乳を飲んだことで、漂白剤を吐き出すことができた。9歳か10歳くらいだったかな。子供のときにやらかす馬鹿なことだ。

僕は末っ子で、名前はデリック・マーテル・ローズ。母さんが兄さんたちに僕の名前をつけさせた結果、デリック・マーテルになった。兄さんたちが選んでくれた名前だ。なんでこの名前にしたのか、ちゃんと聞いた事はない。苗字も実は色々と事情がある。本当はローズって、僕等の苗字じゃないいんだ。本来はブラムフィールド。僕の名前はデリック・ブラムフィールドであるべきなんだ。母さんの旧姓だ。

母さんはトミー・ローズという人と結婚した。その後離婚しているのだけど、苗字だけそのままになっているんだ。長男は15歳上のドウェイン、次男が13歳上のレジー、そして三男が7歳上のアラン。ドウェインが家にいた記憶はほとんど無い。小学生のころに、たまに彼の家に泊まりに行くことの方が多かったかな。

僕の父がどんな人かは知らない。若いころに母さんに一度聞いたことがあったけれど、喋りたくないいんだということを察して、途中で聞くのをやめたのを覚えている。もう少し自分が歳を取って、ストレートに聞くのではなく大人な会話ができるようになるまで、深く聞く事はなかった。母さんが34歳のときに彼と関係を持ったけれど、最終的に会わなくなり、彼は街を出て行ったそうだ。それ以来、母さんは父から何も連絡をもらっていないらしい。僕はもう亡くなってるんじゃないかと思っている。高校生のとき、そう思うようになった。僕自身、一度も連絡をもらった事は無い。

というわけで、我が家にとって父親的な存在はトミー・ローズだった。彼は長男ドウェインの実の父親でもある。トミーは今でもよく会うよ。今はイリノイ州ホームウッドにある母さんの家にも、未だに行ったりしている。彼はうちのファミリーの一員なんだ。母さんはこれまでに結婚した男性とは全員離婚しているけど、友人としての付き合いは残っている。

僕はトミーを、母さんが付き合っていた人という風には見ていない。トミーはいつもいたから、僕に取っては本当に父親のような存在だった。一番母さんの近くにいる大人の男性が彼だったんだ。

母さんは悪い影響を与えそうな男性とは一緒にいない。トミーは今でも働いているし、これまでもずっとしっかりと働いてきた。ベトナム戦争にも行っている。レジーとアランの実の父もよく会っていたね。彼の名前もアランなんだ。母さんは彼らとの関係をとてもフランクにしていた。女性ながらもそういうことができるのはすごいと思うよ。離婚を持ちかけているのは彼女の方だからね。僕たち子供たちのためにやったことだ。そして自分の兄弟はドラッグにまみれていながらも、自分は決して手を出すことはなかった。そんな母さんをとても尊敬している。

母さんはイリノイ州ハイドパークの厳しい家庭で育った。高校2年生のときに学校を辞めていて、15歳ぐらいでドウェインを産んでいる。僕のおばあちゃんからは、赤ん坊を育てる手助けはしないと言われていた。「これはあなたが背負う責任よ」というスタンスだ。それ以来、母さんは全て自分でやるようになり、兄を産んだ。みんなをサポートするために仕事も沢山やっていた。それが理由で学校を辞めているんだ。アシスタント職だったり学校の事務だったり、小さな仕事を沢山していた。ただ職場に問題があって、数週間給料が支払われない状態が続いたりもしていた。僕もそれを見てきている。小さいころにそういう経験をしているのを想像してみて欲しい。母さんと一緒に色んな請求書を見ていると、母さんの少ない稼ぎが全てその支払いに消えていくんだ。「こんなことがあり得るの？　みんなこれを経験しているの？」って、理解できずに苦しんだよ。

その辺りからだったかな、僕がギャンブルに打ち込むようになったのは。母さんの稼ぎに少しでも貢献できればという気持ちだったんだ。

7年生か8年生のころだった。バスケットボール自体はずっとやっていた。ちゃんとチームに入ってやり始めたのは5、6年生ぐらいからだ。ただ、賭けバスケもやっていた。とは言え、僕のギャンブルなんて大したものでもなかったけどね。サイコロとバスケだけだ。ドラッグを売ったことは人生で一度も無い。僕の周りにいて、仲間だった奴等は誰もドラッグをやっていなかった。ちゃんと仕事をして、学校に行って、大学に進学した。そういう連中が周りにいたことは本当に幸運だったと思う。僕のギャンブルは、少しでも母さんの足しになればというものだったんだ。

　サイコロで勝ったときは、母さんを驚かせるためにそっとそのお金を彼女の財布に入れていた。僕自身がお金が必要になったときも、別に母さんから盗んでいることにはならなかった。例えば20ドル必要だったら、先週150ドルあげているからいいかなという気持ちで20ドル抜いていた。あとはナイキがくれていたシューズを売ったりもしていた。これも大きかった。当時、ナイキはいつもシューズを送ってくれていたんだ。僕のバスケットボールの才能を買ってくれて、頼めばいつでもくれた。

　シューズは大体250ドルぐらいするから、150ドルで売っていた。何してもいいと言われていたんだ。何回か履くと、友人から「そのジョーダンもう履き終わった？」と聞かれ、「ああ、もういいよ」と言って売っていた。僕のMVPスピーチはそういったことの積み重ねだった。特に何かを計画した訳ではなくて、自分が経験してきたことを振り返ると、いつもそこには母さんがいて、一緒に全てを乗り越えてきた。あんな形で伝えられるとは夢にも思っていなかった。

「ブレンダ・ローズ。僕のハート。僕がこういうプレイをする理由。僕の全てです。僕が練習に行きたくないと思ったときでも、辛い思いをしながら、僕のことを朝起こしてくれて、仕事に行っていた。そして僕や、家族に問題が無いだろうかと、いつも面倒を見てくれた。本当に辛い日々だったと思う。僕は自分の愛すること、つまりバスケットボールをやれているから、辛くなることはない。あなたのおかげで僕は毎日突き進むことができています。愛しています。僕の母さんでいてくれてありがとう」。

ただ言葉にしただけだ。心から思っていることで、その瞬間に感じたことだった。準備していた言葉ではない。会場で座っている母さんを見て、彼女がどれだけ僕たちのために頑張ってくれていたのかを思い出し、そして今の自分たちの生活のことを思った。母さんが好きでもない仕事をして、自分のキャリアを築くこともできず、ただただ働くのを見てきた。僕はそれを経験しなくて済んだ。自分がやっていることが大好きだ。僕の生活は、彼女が経験してきたものとは全然違う。だから文句なんて何も無いということを伝えたかったんだ。母さんは本当に強い人間、強い女性で、大変なことも受けて立っていた。みんなのために自分を犠牲にして、息子たちのために人生を送って、それだけで満足だったんだ。

だからこそ、僕は最初に大金を手に入れたときに母さんに家を買った。母さんはホームウッドに気に入った家を見つけた。何軒か見て回った結果、道の突き当たりにある家を一番気に入ったんだ。母さんはお節介なので、そこからは色々と見渡せるようになっている。隣の家は警官が住んでいるから、彼女にとっては完璧なんだ。

家を買った当時は、母さんや家族みんなにとって、それがどれだけ重要なことかを理解していなかった。母親に家を買うというのは、単にやるべきことだと思っていた。でも歳を重ねると、それ以上の意味合いがあったのだと気づいた。裕福な人なら分かると思うけれど、不動産を持つということは、次世代にも残せる資産を持つということでもある。あれはもう僕らの家なんだ。

誰もそれを奪うことはない。胸を張ってそう言える。今まで、僕らは次の世代に残せるような物なんて所有したことがなかった。でもあの家は、ローズ家のものとして売ろうがどうしようが、好きにできるものになったんだ。僕らが始めたことだ。今ではLAにも僕の家があって、自分たちの生い立ちを考えると、それは信じられないことなんだ。いつもその話になる。ただ普通に家族で座って話しているだけでも、みんな涙を流し始めるんだ。信じられない、ここまで自分たちが来れたことが信じられないって。

母さんには仲のいい友達が沢山いた。いつもよくトランプで遊んでいた。母さんはお喋りでもある。でも彼女と親しい人はどんどん亡くなっていて、母さんはその都度悲しい思いをしている。母さんの弟は二人、ドラッグで死んでいる。三人目は今一緒に住んでいるけれど、どうなるかはわからない。母さんと仲が良かった叔母は亡くなった。叔母の娘も亡くなっている。姉妹は三人亡くなっている。9人の兄弟姉妹がいたのだけれど、多くがもう亡くなっているんだ。彼らは彼女の話し相手だった。特別な存在だった。歳を取れば取るほど、みんな沢山話をしたがる。母さんもそうだけど、今はあまり話し相手がいないと感じることもあるみたいだ。それを見ると胸が痛む。

それは僕がいつも気にかけていることだった。母さんにストレスを感じさせたくなかったんだ。「どうしよう、母さんにストレスをかけたら、死ぬのが早まっちゃうんじゃないか」と。僕が何かを成し遂げる前に、母さんは亡くなってしまうのではないかといつも心配していたんだ。ブルズ時代、試合の前にはいつも母さんへ投げキッスを送っていた。母さんはスイート（観戦と飲食のできる個室の特別席）でいつも観戦していて、彼女の話によるといつもキスを投げ返してくれていたそうだ。僕は神様からの贈り物だと言って。家の地下には僕の写真や物が沢山飾られているんだ。だから小さいころから僕は「バスケットボールをやって、上のレベルに上がる場所があるんだ。そして母さんがそれを見届けることができますように」と願っていた。いつもそうだった。

Chapter : 5

「プー」という愛称は僕が赤ん坊のころにおばあちゃんがつけてくれたものだ。地元ではこうやってクレイジーなニックネームを付けることが多いんだ。僕は太っていて、黄色くて、ライトスキンな赤ちゃんで、甘いものが大好きだった。太っていたから「くまのプーさん（Pooh Bear）」。そこから徐々に「くまの」がなくなって「プー」だけになったんだ。

6、7歳のころになるといつも走り回っていたので、そのうち脂肪が落ちた。でも甘いもの好きは変わらなかった。考えつくもの全て、なんでも好きだった。粉砂糖をコップに入れてスプーンで食べたりしていた。いつでも食べられるように、自分のタンスに隠していたんだ。もしかしたらそれですごく速くなったのかもね。土曜日は一日中『Power Rangers（日本の「スーパー戦隊シリーズ」を元に、ドラマ部分をアメリカ向けに作り直したテレビシリーズ。1993年に放映が始まり、90年代を代表するシリーズになるほど人気が出た）』を見ながら砂糖を食べていた。今じゃ考えられないよね。一番好きな番組が『Power Rangers』だった。

Skittlesはあまり食べなくなったかな。ブルズにいたころ、Skittlesの本社がSkittlesが出てくる機械を送ってくれて、友達と一緒に全部食べちゃったんだ。そこから二年くらいは一粒もSkittlesに触れなかったな。今はAirheads、Twizzlers、Gushers（Skittles、Airheads、Twizzlers、Gushersは全てハイチュウに類似したソフトキャンディ）が好きだ。歯は大丈夫なのかって？問題ないよ、ほとんど差し歯なんだ。トレーニングキャンプでタージ・ギブソンの肘が僕の目に入ったとき、ついでに9本ぐらい歯が欠けてしまった。

自分のバスケットボールが特別だと気づき始めたのは、6年生のときだった。ランドルフ・マグネット・スクール在校時に6年生リーグで優勝した。ランドルフ校は6年生までしか行かなかった。そのあとおばあちゃんが亡くなって、ポーリナからマーシュフィールドへ引っ越し、バスでビーズリー・アカデミック・センターに二年間通った。63番街とタルマン・ストリートの交差点のところに引っ越したのは高校に入るときだった。兄のレジーと彼の奥さんが引っ越すから、僕と母さんと、もうひとりの兄がレジーの家に引っ越したんだ。その家での僕の部屋は屋根裏だった。

ビーズリー校では7年生と8年生のときに優勝した。高校に進学したあとは9年生でも優勝し、10年生では負けている。そして11年生と12年生（アメリカの高校は4年制。9年生から12年生は日本の中学3年生から高校3年生に相当）でどちらも州を制覇した。すると、だんだん色んなところで話題になり始めるんだ。別にそれを求めていたわけではないけれど、結果を出すと自然とそうなってくる。

でも本当にこれは沢山の努力の結果なんだ。ここで僕の友人、ドレーの話をしよう。アンドレ・〝ドレー〟・ハムリンは僕より10歳ぐらい年上だったけれど、いつも試合に来ていた。コートサイドにいることもあった。彼が僕をジムに連れて行ってくれたんだ。多くの子供たちが必要としているけれどなかなか周りにいないような、頼れる大人の男性だった。僕を間違ったことから遠ざけてくれていた。

何かスキルをマスターするのに一万時間が必要だというマルコム・グラッドウェルの本（2008年出版の原題〝Outliers〟。邦題は『天才！成功する人々の法則』）があるでしょ？　それは僕もよく考えたことだった。ドレーもギャングと関わりがあったけれど、地元周りのよくあるようなやつだけだった。自分の人生を正そうとしていたからこそ、チームを手伝ってくれたり、子供が正しい道を選べるように助けてくれたりしていたんだ。自分が経験していたからこそ、周りの人や自分を助けようとしていた。彼もこの地域出身だったからこそ、僕がどれだけハングリーで、いかにバスケで上達し、人間としても成長したいと思っていたかを感じてくれたのだろう。僕は歳のわりに成熟していたし、本気なんだと分かってくれたのだと思う。何も裏の無い人だというのは分かっていた。下心のようなものはまるで無かった。彼は自分の人生を正すという夢を持っていて、僕の手助けをすることがその一部になっていたんだと思う。

高校に入ると、ドレーとは毎日放課後にワークアウトするようになっていた。ホームウッドのスポーツクラブまで、車で連れて行ってくれた。ワークアウトが終わると、また家まで送ってくれる。「なんで彼はここまでしてくれるのだろう？」と思ったことは無かった。僕が次のレベルに行きたいと思っていることを純粋に理解してくれている人なのだといつも感じていた。同じ部屋にいても存在に気づかれないなんてことは、僕にはしょっちゅうあることだ。それでも彼は、そんな僕が偉大になりたいと思っていることを感じ取ってくれたんだ。彼には見えていた。僕がそこに到達できるように、彼はプッシュしてくれた。もしかしたら彼は僕と同じ歳のころ、できることをやらなかったのかもしれない。その推測が当たっているかどうかは分からない。でも人生には、そういう人が必要だ。特に僕が育ったような地域でそういう人を見つけることができたら、それはとても幸運なことなんだ。

ドレーにはなんでも話していた。学校のことや、行こうか迷っている大学のこと、女の子のことや、お金のこと、なんでも聞けた。僕はベストになりたいと思っていた。そして、その頃から他の選手と比べて自分のバスケに対する感覚が違うということに気づき始めていた。僕は試合を変えることができる選手だ。得点をしなくても、スピード、タイミング、リアクションを使って試合を変えられる。

今ドレーとジムに行ったとしたら、最近のガードがやっている逆足レイアップをやれと言われるだろう。ドリブルはなしだ。多分苦労すると思うんだ。でも試合中だったら、瞬時に反応してできる。考えようとすると、機械的になっちゃって難しいんだ。僕が怪我から復帰するときに、一番分かってもらえないことがこれだった。特にACLのときは、歩き方から学び直さないといけなかった。一歩の踏み出し方から全てだ。僕は本能で動くプレイヤーで、相手の動きを見ながら特に考えないまま動くタイプ。リングが見えれば、素早くそこに辿り着き、必要な高さまで瞬時に跳ね上がる。そんな自分が歩き方から学ばないといけなかったんだ。

僕がシミオン高校に進学したのは、親友のランドル・ハンプトンの影響だった。彼とは6、7

年生のころに出会った。彼の父親が僕らのチームにランドルを連れてきて、彼の父親はアシスタントコーチに就任した。ランドルは、僕がブルズに行ってからもいつも一緒に移動する間柄になった。リーグ入りする前からいつも一緒だった。今はトラック運送会社をやっていて、今でもとても仲がいいんだ。家族と友人数人の信頼できる人たちと近しい関係を持ち、愛し愛される。それがずっと僕のスタイルだ。

他の高校に行くこともできたんだけど、仲間と一緒にいたかった。シミオン高は今ではバスケットボール強豪校だ。当時それはあまり考えていなかった。居心地がいいと思える場所に行きたかっただけなんだ。知っている顔がいて「調子はどう?」と言い合えるような、そういったブラザーフッド(兄弟愛)があるような環境が欲しかった。

あそこでは規律を教え込んでいた。それは当時、僕を含む多くの仲間たちが必要としているものだった。規律はみんなが想像する以上に厳しいもので、それは今でも変わらない。でも生徒たちがもっと自分を高めたいと思っていることが、そこからは伝わってくる。テストでD評価を取ってしまったり、セルフィッシュなパスをしたりすれば、叱られる。だから決して楽ではなかったけれど、その価値観には従えた。僕が選んだ道だからね。文句は言えないよ。

シミオン高では、ベストプレイヤーがベン・ウィルソン(シミオン高を初のイリノイ州チャンピオンに導き、1984年には高校生のバスケ選手として全米一位にランクづけされた伝説的な選手。同年、シミオン高からほど近い場所で口論の末に銃撃に遭い、17歳にして亡くなっている）に敬意を表して背番号25を着けるんだ。トップの選手が背番号25を着用でき、みんなは残りの背番号から選ぶ。1年生の時のオリエンテーションで、学校のすぐ外で殺されたことまでベンの人生について全てが載っている本を渡される。ベン・ウィルソンは史上最高の選手の一人になれるはずだった。本を読んで得た知識ももちろんあるけれど、あの学校のバスケ部を経験したことで、色んなストーリーを耳にした。彼が成し遂げたあらゆることは、もはや神話のようになっている。あの番号を背負うからには、それに見合うような活躍をしたい。

1年生としては、やはりデビュー戦で大活躍したいものだ。みんなその年の新人がどんなものなのか見にくるんだ。シェロン・コリンズが1年生だったときに観に行ったのを覚えている。僕は当時8年生で、「彼やばいね！　来年は彼と対戦しないといけないのか？」と思ったのを覚えている。アホみたいに得点していた訳ではないけれど、シカゴには優れた選手が沢山いるから、若くからヴァーシティチーム（その学校を代表するチーム）。ヴァーシティの下にジュニア・ヴァーシティチームがあり、ほとんどの場合、下級生はそちらに属する）のプレッシャーを跳ね除けている時点ですごいことがわかった。彼は1年生にして楽々とボールを運べていた。それは特別なことだったけれど、シカゴでプレイするにはその特別なカテゴリーに入り込みたい。その後、僕ほどキャリアを進められなかった人もいるけれど、高校レベルで彼らは伝説級だったんだ。

1年生はそれだけでも大変なのに、そこに初恋も加わるとなると、余計に大変だった。僕の初恋はマリナという女の子だった。最終的に彼女には浮気をされたんだ。しかもその相手が知り合いどころか、そいつの親戚は僕のチームメイトだった。本当に、胸が張り裂けたよ。1週間ぐらい食事が喉を通らなかった。泣きはしなかったけれど、何も食べられなかった。めちゃくちゃ悲しかったし、その後もガールフレンドと別れたりした時は、いつもそれをプレイに反映させたんだ。「浮気したって？　いつかテレビで僕を見た時に、このことを思い出せば良いさ」と思いながら。高校生が考えそうな馬鹿みたいなことだよ。なんだそれって感じなのは分かるけど、若い頃はそうやって物事を乗り越えるものじゃないかな。

レンジローバー（イギリスのランドローバー社が生産している高級4WD車）にハマったのもその頃だった。これもなんだそれって感じなのは分かるけど、僕はトニー・アレン（シカゴ出身の元NBA選手。ディフェンスに定評があり、メンフィス・グリズリーズ在籍時には三度NBAオール・ディフェンシブ・ファースト・チームに選ばれている。2008年にセルティックスで優勝）の弟のライアンと仲が良かった。トニーがリーグ入りしてボストンに行った際に、自分のレンジローバーを弟に譲ったんだ。だから高校の時はライアンがいつもレンジローバーで迎えにきてくれて、それで大好きになった。いつか自分も手に入れることができたら最高だと夢見ていた。実はドラフトされてNBA入りしてから、母さんが友人や一緒に話せる相手の近くにいられるホームウッドの家を買った次に、真っ先に買ったものはレンジローバーだったんだ。とにかく、色々とある中でまず欲しかったのがレンジローバーだった。それが僕の夢だった。僕はお金の使い方は気をつけていて、そのためにまずやったことは、自分のまわりに家族を含めた素晴らしいチームを持つことだった。僕のファイナンシャルアドバイザーと銀行は連携が取れている。三人体制でそれぞれをしっかりとチェックしているんだ。そして僕が全てを繋げる。僕は関わっているけれど、専門家に頼るようにしている。僕は投資信託をやっている。お金に関しては、あまり大きなリスクは負わないようにしているんだ。

シミオン高に話を戻そう。1年生の時に市のタイトルは獲得したけれど、州タイトル獲得の試合には出ていない。当時のコーチだったコーチ・ハンブリックは、ヴァーシティに1年生を入れないというルールを持っていたんだ。僕のためにルールを変えないことは分かっていた。行けるチャンスはあったものの、最終的にコーチは僕がいなくても大丈夫だとチームに伝えた。残念だったけれど、僕はランドルの影響でこの学校に行くと決めた。翌年にはコーチ・ロバート・スミスが就任することが決まっていて、彼はすでに僕が6年生のころにプレイするのを見てくれていた。

コーチ・スミスは、最初は得点を一番獲得していたボビー・トリンブルがチームのベストプレイヤーだと思ったと、当時話してくれた。しかし、彼は途中で僕が得点をしなくてもいい選手だということに気づいたんだ。高校4年生の時の州決勝戦がいい例だ。確か僕は2得点しかしていない。でも周りが注目されることが嬉しかったんだ。僕もチームの一部だと分かっていたからだ。そして彼等が輝いていることが本当に嬉しかった。きっと彼らはあの試合に勝ったことを一生忘れないだろう。当時から僕は、周りが何かをやる前にどう動くかが見えていた。それができると、試合をまるで別の角度から見ることができるんだ。それが沢山のアシストに繋がったのだろう。

でも高校ではポイントガードじゃなかったんだ。三番（スモールフォワード）をやっていた。後にジャバリ・パーカー（2014年にドラフトされたシカゴのサウスサイド出身の選手で、シミオン高校卒業生。身長はローズより15センチ高く、高校でのポジションはスモールフォワード）がやっていたようなプレイを、僕は191センチの身長でやっていたんだ。彼がやっていたプレイは、僕もやっていたものだ。ダウンカール、ロブ、エルボー、アイソレーション。さらに三番としてボールプッシュすることもできた。うちのチームはサイズもあった。ポイントガードはランドル。当時の僕はよりコントロールされたプレイスタイルだった。まるで違うスタイルのプレイになったのは、AAUで兄のレジーが僕をポイントガードにコンバートさせてからだった。そこで僕は、ナンバーワン・スコアラーという、もうひとりの自分に出会うことになったんだ。

シミオン高一年の最初の試合は大ごとだった。怖かったよ。でも試合が始まってしまえば、その気持ちは全て消えていた。ソーンウッド高校に勝利し、そこから一気にロケットスタート。色んな戦いや、ライバル高との対戦など、沢山の楽しい試合や、そうでもない試合もいくつかあった。大学時代の方が有名になるし、プロの方がお金を持ってはいるけれど、高校時代のライバル校との対戦は別格だ。キャリアを通して沢山試合をプレイするうちに、忘れてしまう試合もいくつかはある。でも、高校のライバル戦はいつまでも記憶に残っている。

二年生の時、うちは地区予選でボビー・フレイザー率いるブラザー・ライス高校にダブルオーバータイムで負けている。やられてしまった。ほとんどの選手がファウルアウトしたあとに、フリースローライン辺りでファウルを取られたんだ。死闘だったね。両チームとも攻守でビッグプレイを連発する激戦だった。

僕がドラフトされる時、行き先がシカゴかマイアミに絞られて、「地元でプレイするか、マイアミでドウェイン・ウェイド（シカゴ出身の元NBA選手。16年のキャリアのうち14年をマイアミ・ヒートで送り、三度チャンピオンシップを手にした。幼少期にシカゴ郊外へ移っている）とプレイするか。どっちになっても勝ちだな」と考えていたのを覚えている。実はウェイドのことは高校時代に選手として知らなかったんだ。聞いたことがなかった。僕はシカゴの都市部出身だけれど、彼をそこで見たことはなかった。別に彼を悪く言いたい訳ではない。ただ、耳に入ってくる名前はウィル・バイナム（シカゴ出身の元NBA選手。ドラフト外から這い上がるとルーキーイヤーはゴールデンステート・ウォリアーズで15試合プレー。海外リーグを経験したのちNBAに戻り、2009-10シーズンにはデトロイト・ピストンズで平均10・0点、4・5アシストを記録した）、ショーン・ドッカリー、パトリック・ベバリー（シカゴ出身のNBA選手。高校4年生では全米高校生のオールスター試合にも選ばれている）、シェロン・コリンズ、そしてグレンブルック・ノース高に行ってた白人のジョン・シャイヤー（高校卒業後はデューク大へ進み、2010年にはチームを優勝へと導いた。その後はNBAで活躍することはなく、当時の下部リーグであるDリーグや海外リーグでプレイした。現在はデューク大のアシスタントコーチを務めている）だった。D-Wade（ドウェイン・ウェイドのニックネーム）はその後すごい選手になったけれど、当時はそういったリストに名前は無かった。

三年生時に市で優勝するまでの試合は激戦続きだった。シャイヤーは最後の4試合で平均50得点近くを記録していたものの、最終的にはうちのチームが彼らに勝利した。そしてパトリック・ベバリー、彼は本当にすごかった。今の彼も、誰に対しても屈しないタフさを持っているのがわかると思う。相手が強ければ強いほど、彼はよりタフに立ち向かった。高校の試合はそういう感じなんだ。名声なんかよりも、自慢できる権利。ベバリー率いるジョン・マーシャル高校、通称マーシャル高とシカゴステイト大学で練習試合をした時は、20点差で大敗した。接戦でさえなかった。20点差で勝ったベバリーは、今もやっているようにトラッシュトークの連発だった。ただ、当時はもっと酷かった。しかもその後、20点差でやられた相手と、州大会をかけてプレイすることになった。

知らないかもしれないけれど、イリノイ州の州大会ではシカゴから二チーム出てこないように、お互いを対戦させる変な仕組みがあるんだ。その年は、うちが州決勝戦でペオリア・リッチウッド高校相手に勝利し、シミオン高に１９８４年以来のタイトルをもたらした年だった。

まずはシャイヤー率いるグレンブルック・ノース高を倒した。シャイヤーはフーパーだった。彼らと対戦した時、この大会で一番大変な試合になることはみんな分かっていた。常に彼がどこにいるのか、全員が気にしていたのを覚えている。前半だけで50得点する試合もあったはずだ。シカゴの都市部出身の子たちは、白人はバスケなんてできないと思っていることが多い。でもAAUでプレイして全国を周るようになると、まるで違う世界が広がっていることに気づかされる。そして地元に戻っても誰にも言わないんだ。「アイオワ州（州の人口の9割が白人）の奴にコテンパンにやられた」なんて口が裂けても言えない。

相手の見た目や肌の色や名前でその人を判断するようなことを僕はしない。コートに立っていれば、それだけでまず僕はリスペクトを送る。だからこそバスケットボールコートはすばらしい場所なんだ。世界もそうあるべきだ。ありのままの自分で勝負をして、試合が終わればお互いに握手をする。シャイヤーと対戦する時、みんなAAUを経験していたから、どんな相手なのか理解していた。彼がどれほどの選手なのか分かっていたんだ。

次の相手はマーシャル高だった。最終的にうちが勝って、試合後にベバリーの方へ歩み寄り「大学で頑張ってな」とだけ伝えたのを覚えている。そこで彼の高校キャリアは終わったんだ。あれがラストゲームだった。彼は4年生だった。あれだけやられたあとに味わう勝利は格別だった。こういうのが高校のライバル関係の醍醐味だ。僕が好きなトラッシュトークもまさにこれだ。試合中には何も言わず、最終スコアに語らせるんだ。

モーガン・パーク高校を倒した時のことは今でも覚えている。あれは怖かった。体育館から出ていく時に、スキーマスクを被った奴らが僕らを待ち受けていたんだ。アウェイの試合だったたから、僕らが勝利した直後から異様な雰囲気が漂っていた。そのうち乱闘が始まり、みんなが散らばって、誰もかも殴る蹴るの大騒ぎ。気づいたら全員で喧嘩していた。僕はランドルと一緒にいたんだけど、気づいたら彼は鼻を抑えていて、唇から血を流していた。クレイジーな夜だったね。でもパブリックリーグ（シカゴの公立高校で成り立っているリーグ）でプレイすると、これはたまにあることだ。お互いと全力でやり合うだけに、感情が試合後までもつれ込んでしまうんだ。

僕が所属したＡＡＵチームは二つしかない。ミーン・ストリーツ・エクスプレス（シカゴ周辺を中心に活動するＡＡＵクラブ。ＡＡＵクラブの規模が大きいと、所属チームが複数ある場合が多い）と、その前に所属していたフェラーリ。僕がフェラーリをやめた後に、僕の兄がミーン・ストリーツにチームを作ってくれた。だからほとんど自分のチームだった。兄は僕に活躍する舞台を持たせたかったんだ。レジーは一から新しいＡＡＵチームを作りたくなかったから、ミーン・ストリーツの既に存在するチームに、「俺の弟がすごい選手なんだ。Ｂチームを作れないか？」と持ちかけてくれた。上手ければサポートしてくれるけど、そうでなければ資金は全てなくなる。

ミーン・ストリーツでのバックコートは僕とエリック・ゴードンJr.（インディアナポリス出身のＮＢＡ選手。高校4年生時にはインディアナ州のミスター・バスケットボールに選ばれ、全米でも二位にランク付けされた。夏はＡＡＵでローズや、他にものちにリーグ入りするような選手たちとプレイしていた。ＮＢＡでも２０１７年にシックスマン賞を受賞するなど活躍）だった。僕らは世界で一番でかいＡＡＵ大会の一つであるピーチジャムで優勝した。そして大会参戦一年目にして優勝した史上初のチームにもなったんだ。

大学の話になったとき、一時は二人ともインディアナ大学を選ぶところだった。彼は入学を表明していたイリノイ大学へ進むのをやめ、僕も彼とインディアナ大に進学しようかと傾いていた。ほぼ決めた気で母さんに相談したら、「とりあえず一晩寝てみて、明日の朝に起きたらどうすべきかわかるはず」と言ってくれた。そして起きてみたら、メンフィス大学に行く方が自分に合っていると感じたんだ。

ノースカロライナ大学は僕にとって、ずっと行きたいと夢見ていた学校だった。その理由のひとつがボビー・フレイザーだった。彼が行ったことで「あの大学はこの辺りの子たちもチェックしてるんだ」と思った。つまり、ボビーをチェックしていたということは、僕がプレイしているのもきっと見ている。もしかしたら僕も行けるかもしれないと思ったんだ。

最初にリクルート（アメリカの大学スポーツにおいて、大学側が高校生を自校に勧誘することを指す。特に強豪校はトップレベルの高校生を巡ってリクルート合戦になることがある。大学スポーツチームのヘッドコーチはこのリクルート活動に直接関わっており、重要な役割を担っている）の手紙をくれた大学はＵＣｏｎｎ（コネティカット大学）だった。興奮したよ。額に入れて部屋に飾った。一般的にリクルートはクレイジーだと言われるけれど、僕にとってはそれほどでもなかった。ミーティングは兄さんたちが管理してくれていた。でもたまに変なことも起きた。ダウンタウンのパーティーに行ったときのことだ。その夜はハイアットに泊まっていて、目が覚めると電話の通知が大変なことになっていたんだ。兄さんから「家に戻ってこい！」と連絡があった。

そこで僕は真夜中に急いで帰宅した。当時住んでいたタルマンの家の外で、白人の男性が車から飛び出してきて、僕の義姉に向かってなぜエリック・ゴードンがイリノイ大学へ行くのをやめたのか問い詰めたらしい。彼女は襲われるのかと思って恐怖に震え、兄に電話で助けを求めた。リクルートに関して金を払うというオファーをしてきたとも言っていた。

でもコーチ・カリパリ（ジョン・カリパリ。ローズ在学時のメンフィス大学のヘッドコーチ。以後はケンタッキー大学のコーチを務めており、２０１５年には現役ながら、コーチとしてバスケットボール殿堂入りを果たしている）は違った。彼の行動は単純明快だった。まず、彼は自宅までできてくれたんだ。イリノイ大学のブルース・ウィーバーは絶対に来ることはなかった。カルは実際に家までわざわざ来てくれた最初のコーチだった。ハマーに乗ってやってきたんだ。僕はメンフィスがどこにあるのか知らなかった。親戚なんかがいるわけでもない。でも訪れてみて、彼のシステムなどを把握し、既にいる選手たちとも上手くやれそうだと感じたんだ。

僕がノースカロライナ大を好きだったのは、テレビでデューク対ノースカロライナ大（全米のスポーツの中でも一、二を争うほど有名なライバル関係のひとつ。両大学ともノースカロライナ州にあり、16キロほどしか離れておらず、両チームともバスケの強豪校であるため、長年に渡ってライバル関係を続けてきた）の試合やノースカロライナ大の伝統を見てきたからだった。だから行きたかった。僕のリストは、ノースカロライナ大、UCLA、インディアナ大、カンザス大、メンフィス大、デポール大、そしてイリノイ大だった。

兄さんは僕にUCLAとノースカロライナ大を訪問して欲しくないと考えていた。見に行ったらすぐにでも行くと決めてしまいそうだと思ったのかもしれない。できるだけ考えた上で決断を下すことを彼は望んでいた。彼はできるだけ、僕自身が人生をコントロールできるように仕向けてくれたんだ。よく僕のことは家族が決めているという印象を持たれるけど、それは逆だ。それを受け入れるには僕は頑固すぎる。

若いころの僕は、ノースカロライナ大に首ったけだった。周りのみんなにも、いつか行くんだと豪語していた。イリノイ大で引っ掛かったのは、ブルース・ウィーバーが家まで来てくれなかったことかな。いずれにせよ、行くことはなかったと思うけれど、彼は僕の近所の治安が悪いのが怖くて、来なかったのだと思う。少なくとも僕にはそう見えたから、イリノイ大はリストから消えた。たまにイリノイ大にこっそりプレイしに行ったりしていたのだけれど、徐々に「なんで毎回こっちから会いに行かないといけないんだ？」と感じるようになっていた。なぜ家まで来てくれない？

僕がメンフィス大を選んだ最大の理由はカルだ。

彼は説得力のある話し方を心得ていたと同時に、僕に正直に話してくれた。僕がやることをきちんとやらなければ、このプログラムでは長くやっていけないだろうと、母さんにも伝えた。彼の母さんに対する接し方はとても好感が持てたし、ありがたかった。カルは母さんとは20年来の付き合いがあるかのように接してくれたんだ。母さんに最大限のリスペクトを払っていて、白人男性があれだけ正直に、真摯《しんし》になって話してくれるのは、僕にとって大きな意味を持つことだった。

僕は白人が周りにいない環境で育った。初めて白人の子と同じクラスになったのは、大学に入ってからだ。だからこそ、白人が家までやってきて母さんと話し合い、彼女が彼のことを理解し、彼も彼女に対して敬意を示しているのを見るのはとても大きなことだった。そして僕も同じように感じていた。彼は自分の口にしたことを全て守っていた。誠実さがあった。彼のそういうところを尊敬している。

カルが一部の人たちになんて揶揄されているかは知っているけれど、とにかく彼はいつも僕に正直に話してくれた。「やることをやらなければ、私のプログラムでは長くやっていけないぞ」といつも言われていた。メンフィス大に行っていなければ、恐らくインディアナ大に進学していたと思う。最終的にメンフィス大に行こうと決断したのは、実際に訪問してからだった。ここはホームだと感じたんだ。

メンフィスには年上の成熟した選手たちが揃っていた。集中力があり、全員が一つのゴール、一つの使命を抱いてプレイしているようだった。家に帰ると、母さんからは一晩寝て考えてみるように言われた。「今答えは知りたくない。明朝どう感じているかで決めなさい」って。実際インディアナ大とかなり迷っていたので、その晩は寝て考えることにした。ＥＪ、エリック・ゴードンJr.のことをそう呼んでいるのだけれど、彼がインディアナ大に行くことは知っていた。それは僕が決断を迷う大きな要因だった。でも目が覚めると、頭の中ではメンフィス一択だった。一階に降りて母さんにそう伝えると、少し驚いていた。でも安心して任せられる環境であることを彼女はわかっていた。そして結果的に僕はメンフィス大で決勝戦まで勝ち進むことができたんだ。

高校三年生の年は、シミオン高が久々に優勝した年だった。前に言った通り、31-29ぐらいのロースコアゲームで、僕が決勝点を決めている。同点で相手ボール。僕の隣には、うちでディフェンスが一番上手いガードのデックスがいた。彼がインバウンドでボールをスティールしたんだ。まるでアメフトの試合かのように、彼はそのままボールを僕にハンドオフ（手渡し）してくれた。最初は少し緊張していたのを覚えている。そして軽く跳ね、「行くぞ」と気合を入れた。

コーチ・スミスはその軽い跳ねと僕の表情を見て、ベンチに振り返って「うちの勝ちだ」と言っていたことを後に知った。でも実際の僕は怖かったんだ。マイク・タイソン（元プロボクサー。史上最年少で世界ヘビー級王者となり、全盛期には地球上で最強とも呼ばれた）がリングに足を踏み入れるのを怖がっていたような感覚なのかもしれない。何度もできるようになるまでは、どうしても緊張するものだ。今はもう感じないけれど、若いころは感じていたことだった。

軽く跳ねると、その感覚は消え去った。「何かムーブを仕掛けないと」という気持ちになっていた。その時点ではもうアタックモードに入っていて、ショットを作り出そうとしていたんだ。「ボールを取れた、行けるぞ」と思った。クラッチショットを決めたり、プレイを実行したり、イージーなレイアップを決めたりした時のような感覚は他にないものだ。あそこで軽く跳ねたのは、ここで何かができるという自信のあらわれだった。

そこで相手のディフェンスを見渡したのを覚えている。彼らは試合を通してゾーンディフェンスをやっていた。当然僕は左に行く。僕は右利きだけど、ドライブは左に仕掛けるタイプなんだ。ブルズ時代、2011年のクリスマスにレイカーズを倒した時に決めたのと同じショットだった。ロックアウト明けの初戦、あのフローター。中に切り込めればフローターを打てる、入る可能性も高いと考えたのを覚えている。

高校4年生でまた州大会へと進出したころには、僕はその喜びよりもショーン・リビングストン（イリノイ州出身の元NBA選手。2004年にはイリノイ州のミスター・バスケットボールに選ばれ、高校卒業後はデューク大への入学を表明していたものの、大学へは行かず、全体4位でドラフトされNBA入りした）が州制覇を二度達成していることについて考えていた。シカゴではいつも、自分より上の人たちのことを聞かされるんだ。いつも追う立場だ。だからこそ、「二度優勝しないと。シカゴ市出身として初めて二度優勝するんだ」という思いだった。

それは実際に達成することができ、このシーズンは個人的なマッチアップもいい戦いが沢山あった。ブランドン・ジェニングス（元NBA選手。数多くのNBA選手を輩出した名門校オークヒル・アカデミー卒業。高校4年生時には数々の賞を受賞し、全米一位にランク付けされた。ローズ率いるシミオン高が当時全米ランク一位のオークヒル高を倒した試合は全国放送された）率いるオークヒル高を倒し、ベガスではOJ・メイヨに負け、マディソン・スクエア・ガーデン（NYのマンハッタンにあるアリーナ施設。NBAではニューヨーク・ニックスの本拠地であり、大学や高校のトーナメントも数多く行われており、バスケットボールのメッカと呼ばれる）ではケンバ・ウォーカー（NY出身のNBA選手。NBAではオールスターにも選出されていて、ポジションはポイントガード。ローズの1学年下）のチーム相手に負けている。あの試合では最後のショットを自分で打たずパスを選び、チームメイトが外してしまった。あれは僕の責任だ。僕は4年生だった。あのショットは僕が打たなければならないものだった。メンフィス大時代に決勝戦でカンザス大に敗れた時のようにね。自分の責任だって手を挙げたのを覚えている。フリースローを僕が外したんだ。それは僕の責任だ。

カルはそんなことはないと言うだろうけれど、僕はそういったことから逃げたくなかった。悪いプレイ、悪いミス。ミスからは学べるものだと思っているけれど、実はブルズでも似たようなミスを犯してしまったことがある。2015年、ミルウォーキー・バックスとのプレイオフだった。最終的にシリーズを制したのはうちだったけれど、僕のせいで落とした試合があった。当時ジェイソン・キッドがバックスをコーチしていて、ジェリド・ベイレスが最後にレイアップを決めるプレイを仕掛けてきたんだ。あれは僕の責任だった。でもそういった経験をしてきているからこそ、今の僕はフリースローが上達している。メンフィス大でのミスがあったからこそのことだ。決勝点を決めたことよりも、ミスをしたときのことの方が記憶に残っている。敗戦は、より深く心に刻まれるんだ。毎夏、僕は自分が犯したミスがチームに与えた影響のことを考えながら、もっと上手くならないと、という気持ちでトレーニングを続けている。でもそれが楽しいんだ。

それは同時に、バスケ以外のことに対する準備にもなる。シカゴの高校時代、あまりにも沢山勝っていたことから、ブルズ時代の最後の方に僕がファンから受けた扱いと似たようなことが起こった。ネガティブの蔓延だ。勝ちすぎているという理由で、高校でも同じことがあったんだ。世界中の人たちを敵に回したような気分だと、チームメイトと話し合っていたよ。周りはみんな僕たちが負けることを喜んでいた。辛いけれど、そういうこともある。ブルズでも同じだった。地元でブーイングされて嬉しい人なんていない。レブロンがマイアミに行った時も一晩にしてそうなったのを見て、地元の人たちに敵対視されるのは、なんて悲しいことかと思ったのを覚えている。そして自分だったらどう対応するだろうかと考えた。

そのうち、実際に対応せざるを得なくなったのだけれど、いつもいい対応ができていたとは言い難い。

SAT問題（アメリカでは、各大学別に入学試験はなく、代わりにSATと呼ばれる大学進学適正試験の点数が、入学の基準のひとつとなる。NCAAは、ローズが大学進学後に高校時代にSATを本人ではなく代理の者が受けたとして、2007-08年のメンフィス大のシーズンを無効にした。メンフィス大は独自に調査を行った結果、ローズに非があった証拠は見つからなかったとしている）も高校の一部だった。あのことについては、みんなもう何かしらの結論づけをしていると思う。一番辛かったのは、NCAA（アメリカ大学スポーツ協会。アメリカの大学の各種スポーツクラブを統括しており、参加校は協会の定めた規則に従う必要がある。大会の運営等でスポンサー企業や放映権から巨額の収入を得ていながら、学生アスリートは金銭またはそれ相当の受け取りを一切禁止されているため、しばしば批判の対象になる）が勝利を取り消したことで、メンフィス大のチームメイトにも影響してしまったことだ。あの一連の騒動を経験して、大学の入学システムには、ある意味差別が存在し得ることに気づくことができた。

僕はメンフィス大での1学期目を、誰の力を借りることもなく過ごすことができた。バスケをやるための準備もできていた。高校で成績に問題があったことはなかった。GPA（"Grade Point Average"の略。各科目の成績から計算される成績評価値で、最高値は4・0）が3・0を超えていた学期もあったはずだ。F評価を受けたのは一度だけ。「僕はリーグ入りを目指している。学位のために大学に行くわけではないけれど、これを利用して大金を稼ぐ人がいるんだな」と考えていた。

でも「あいつは馬鹿なんだ、頭が悪いんだ」と思われていたんだ。

一学期を誰の助けも借りず、自分の力でやり切った。成績はいつも良かった。ただ僕たちのような環境から大学に行こうとする人たちは、他所ほど入学試験の準備というものが用意されていないんだ。大学入試に向けて教育をするような仕組みができていないことが多い。こういった入学試験は、出身校によって格差があるため、結果的に差別的であるという話もよく聞く（アメリカでは住む地域によって人種や階級が分かれていることが多く、学校によっても設備や資源の差が大きいため、アフリカ系アメリカ人が多く住む貧困地域では、入学試験の準備等が十分にできない場合がある）。シミオン高は厳しい学校だった。授業もしっかりやっていた。でも僕は大学に入らなければ、NBAに行けないんだ（2005年に更新されたNBA団体交渉協約のルール改定により、翌年のドラフトから、19歳以上か、または協定で定められたインターナショナル・プレイヤーに該当しない場合は、高校卒業後から最低一年経過していなければドラフト資格をえられなくなった。このため、一年だけ大学でプレイしてからリーグ入りをする、いわゆる「ワン・アンド・ダン」が特にトップ選手の間で増えた。必ずしも大学に進学する必要はなく、ブランドン・ジェニングスは高校卒業後に一年間ユーロリーグでプレイしてからドラフトに参加した）。僕みたいな選手たちはそういう見方をしていた。

では一体何が起きていたのだろう？　バスケをやりにくる学生を使って金稼ぎ？　搾取？　シカゴ時代の騒動の最中、できることなら「現在の状況は間違っている。今の時代では通用しない昔のルールが使用され続けている」と、ぶちまけてやりたかった。昔の大学バスケは、数十億ドルのテレビ放映契約なんて交わしていなかった。その数十億ドルはどこに使われていると思う？ あのお金はどうなっている？ 選手たちには入ってこない。次の世代の選手たちが大学に行く準備を整える手助けするためにも使われていない。

では大学はどうだ？ ところが、大学にもお金は入ってこない。もしそうなら、状況はだいぶ変わっているはずだ。奨学金の数が増えたり、無料で大学に行ける人が増えているはずだ。スポーツ特待生ではない学生が、大金を払わなくても済むようになっているはずだ。でもお金はそこにも使われていない。

僕は学生時代にきちんと勉強をしていたことはここで断っておきたい。一番頭が良かった訳ではないけれど、C評価は当たり前で、AやBも取っていた。素晴らしい教師にも恵まれていた。たとえば僕が歴史や陰謀論が好きなのは、高校時代のミセス・ブリンクリーとミセス・ハーリーがすばらしかったからだ。ブリンクリー先生はアフリカ系アメリカ史の先生だった。でも彼女はよく授業中に政府について語っていて、カメラやテレビがそこら中に設置されているなんて話をしていた。薄型テレビが出回る前から、いつか壁に大きな薄型テレビが掛けられて、それらにはカメラが埋め込まれて政府に監視されるから気をつけるようにと言ってたな。それを信じるかどうかは別としてね。変な話だとは思っていたけれど、聴いている分には楽しい話だった。真に受けることはなかった。でも、多くの人たちと同様、僕は陰謀論について話すのが好きなんだ。

最近では、中国がテレビやコンピューターに、人を監視できる装置を埋め込んでいるという話を見かけた。真実なのか？　それはわからない。恐らくそんなことはないだろう。でも話としては面白そうだ。

ブリンクリー先生はのちに癌で亡くなっている。でも自分の人生において特別な存在だったことは間違いない。考えさせられ、世界に目を向けるようになり、自分の考えを持つように仕向けてくれた。学校の授業で初めて僕の注意を引いたのがブリンクリー先生だった。自分が歴史好きだなんて知らなかったんだ。でも彼女はいきいきとした描写で歴史を語り、常に今世の中で何が起きているのかを教えてくれ、僕の考え方を育んでくれたんだ。

当時の僕たちのような子たちが毎日経験していたことを考えてみて欲しい。前の晩にゴキブリに噛まれているのに、全米統一試験だって？　テストを受けながら身体中が痒いんだ。家では毎日寝る前にどう生き延びていくかを考えているのに、どうやって学校に集中すればいいというんだ？

今では、毎朝息子とパンケーキとワッフルのどちらを食べるかで議論できるのが本当に幸せだ。僕の頃は朝飯に選択肢なんて無かったからね。「トーストしかないよ」。だから息子が毎日を平穏に過ごし、何の心配をすることもなく愛情を振り撒くことが出来ることにはとても感謝しているし、なんて幸運なことなのだろうと思っている。玄関の外で座っていたら、複数の人が棒やバットを持って乗り込んでくるなんていう、映画のようなシーンを自分は何度も経験した。トラウマになるんだ、ああいう場面を見ると。子供がそんな経験をするべきではない。

僕は、最終試験に合格すれば問題ないと思っていた。しっかりと授業を受けて、勉強をやってきたという証であり、実際にそうしてきた。一番大事なバスケットボールを続けるためにも、きちんと勉強をすることは不可欠だった。試験に合格すれば、みんなに自分が真剣であることを見せられる。そして実際に合格していた。確かに、宿題はいつもやっている訳ではなかったのは認める。でも授業自体では特に問題無かったんだ。宿題をやっていないせいでD評価をもらうことはあったけどね。「お前は宿題をやらないからDだ。でも試験は受けていいよ」という具合に。

宿題がバスケットボールに勝てるわけはなかった。家に帰って鞄を置いたら、すぐ外に出て、コートへ向かい、一人でシュートを打つ。もし雪が積もっていれば、自分で雪掻きをする。もし近所でサイコロをやっているようだったら、それをやりに行ったり、金稼ぎに車にガソリンを入れたりした。それを母さんが帰ってくるまでやる。母さんはたまにバスケをしているところまで迎えにきてくれて、一緒に歩いて帰る。そんな毎日を送っていた。

ワン・アンド・ダンのルールがなければ、僕はすぐにでもリーグ入りしていただろう。どうせ次の年にはリーグ入りしていたんだからね。そう思っていたのは僕だけじゃない。最初はメンフィス大に1シーズンだけいるかどうか分からなかったけれど、シーズン中にカルが「これはもうお前のチームだから、自分の普段通りのプレイをしてくれ。私たちはそれについていく」と言ってくれた。そこからみんな本来の持ち味を出せるようになっていた。唯一心配していたのは、まず大学に入ってバスケをやること、一学期目をしっかりと終えることだった。リーグ入りする、それを念頭に置いて動いていたんだ。

Chapter : 6

人種問題に巻き込まれたり、喧嘩になったりすることはあまり無かったけれど、やはり黒人だと色々な場所でそういった静かな差別を感じることがある。ガールフレンドがシカゴのダウンタウンでお店を開くための物件を購入できなかったときとかね。そういう場所に黒人は来て欲しくない。口にはしないけれど、そういうことだというのは分かる。メンフィスでも一度だけ、大したことではなかったけれど、この国がどういう状態にあるのかよく分かるような出来事があった。

メンフィスで寮に帰ろうと歩いていた時、3、4人の白人が乗っているピックアップトラックを見かけた。僕の後ろをすごくゆっくりとつけてきたのを覚えている。最初は小さな声で「ワッツアップ、ニガー（黒人の蔑称）？」と言うのが聞こえた。おそらく僕のリアクションを見ようとして、その3、4人が笑った。僕は聞こえないふりをした。そのまま歩いていると、一人がもっと大きな声で「ワッツアップ、ニガー？」と言ってきた。二回目も、もちろん聞こえていた。僕は彼に目をやってから、そのまま歩き続けた。シカゴ出身の人間は、そういう中途半端なことはしないんだ。もし喧嘩を始めたいなら、ちゃんと始めればいい。だから僕はただそのまま歩き続け、その場を後にした。あそこで経験したあからさまな差別はそれぐらいかな。

この話は誰にも言わなかったけれど、メンフィスで僕に声をかけてきたあいつらは絶対にシカゴの僕の近所にはやってこない。だから人種差別をする奴というのは、例えばギャングの中でタフな奴を気取っているのと同じで、結局は臆病者なんだ。シカゴにもそういう奴はいる。でも、彼らはお互いに殺し合いをしている。

他にも似たようなことはあったけれど、笑い飛ばすようにしている。人種差別を目の当たりにしたときは、状況を十分に理解していることを相手に示しつつも、必ず相手にしないようにする。そういう奴らは暗い魂だと感じるからだ。周りに置いておきたくないエナジーだ。大体4、5人に対して自分一人という状況だ。何も言わずに、そのまま歩き続ける。

でもそういう奴らの顔はしっかり見るようにしている。ある日、誰にも守られていない状況で見かけることがあれば……。でも喧嘩に発展するような事は一度も無かった。それでも、警察による暴力なんかを見ると、黙ってはいられなくなる。いくら悪い警官たちの中に、いい警官が沢山混じっているのを知っていてもね。

メンフィスについては知れば知るほど、そこにいる自分が誇らしいと感じるようになっていった。もちろん、国立公民権博物館（キング牧師が宿泊し、暗殺された現場であるロレインモーテルを中心として建てられた博物館）がメンフィスにあるのは、マーティン・ルーサー・キングJr.（牧師であり、アメリカの公民権運動の中心的人物として活動した。〝I have a dream〟の演説が有名であり、1964年にはノーベル平和賞を受賞している）が殺された場所だからだ。でもそれだけではなく、より公平な労働条件を求めてストライキを行なっていた清掃労働者たち（1968年に二人の清掃労働者が劣悪な労働環境から事故死したことをきっかけに、労働環境の改善や賃上げ、残業手当などを求めてメンフィス市の公共事業部に所属するアフリカ系アメリカ人の清掃労働者たちがストライキ。〝I Am A Man（私は人間だ）〟というスローガンが書かれたプラカードを首から下げ、行進した。キング牧師は彼らの支援のために度々メンフィスに行き、4月に訪れた際に暗殺された。キング牧師の死後、二ヶ月続いたストライキは市が労働者の条件に応じる形で終了した）を支援し、人々のために頑張っていた場所でもある。偉大なアフリカ系アメリカ人の一人であり、他人の事を想い、自らを犠牲にした方だ。僕のヒーローのひとりであるアーサー・アッシュ（テニスの4大大会で男子シングルスを制した初の黒人選手で、全豪、全英、全米オープンの男子シングルスで優勝した唯一の黒人選手でもある。引退後に心臓の手術を受け、輸血の際にＨＩＶに感染しエイズを発症。49歳の若さで亡くなっている）を連想する。彼もまた若くして亡くなったのは悲劇的だ。

高校のランドルを除くと、一番親しくなったチームメイトはジョアキム・ノアだった。ここでまたアーサー・アッシュの話になる。ジョアキムに悪い印象があったり、彼がいつも歯に衣着せぬ発言をしたりするのを見て、なるべく関わらないようにする人は少なくない。僕からすると、彼のことをよく知っているだけに、彼のあの生き方を本当にリスペクトしている。息子のＰＪにはジョアキムのように育ってもらいたいと思っているほどだ。自由気ままで愛すべき男。ジョアキムは人が大好きなんだ。素晴らしいロールモデルだと思う。そして彼のストーリーはとても特別なものだ。

彼の父（テニス選手のヤニック・ノア。全仏オープンの男子シングルスで優勝した唯一の黒人選手）を若いころに発掘したのが、アーサー・アッシュだった。家族から彼を預かり、テニススクールに入れたんだ。僕はジョー（ジョアキムの愛称）に「お父さんがアーサー・アッシュと知り合いだったって本当？」と聞いたことがある。僕もテニスをよくやっていて、それなりに上手かった。テニスをやっているアフリカ系アメリカ人にとってアーサー・アッシュはすごいヒーローだから、それだけで僕は食いついた。ジョアキムの父さんをテニススクールに入れて、しっかりと面倒を見ることをアッシュは家族に約束した。全くの他人が息子を引き取ったんだ。歴史的なことだ。

ジョー自身はどうだ。大スターで、金持ちで、有名な父親を持った恵まれた子供として育っているのに、彼はそれに関わろうとしない。「自分自身がやりたいことをやる」というスタイルだ。父親の力で一生暮らせただろうに、彼は自分の力で何度も契約を勝ち取っていった。父親から仕事をもらうことだってできたはずだ。でも彼はそれを望まなかった。彼は自分自身を確立していた。自ら道を切り開いていったジョーが、僕は本当に大好きなんだ。僕自身、息子もそうあって欲しいと思っている。若い頃彼がどうしていたのか、よくジョーに質問するんだ。ＰＪがやってはいけないことをやっている時に、父親としてどうするべきなのかを考えるためにね。ジョーは自分の経験を正直に語ってくれる。僕がどれほど熱心に聞いているのか彼でさえ気づいていないと思うけれど、あれだけオープンで、僕を信頼してくれているのは彼のいいところだ。

アーサー・アッシュは、テニス界自体に存在を煙たがられている状況で活躍した。こういった話が僕にインスピレーションを与え、僕を奮い立たせるんだ。まず、あのスポーツをやるには金が必要だ。それを考えると、一体どうやってあそこまで上り詰めることができたのだろう。彼は偉大だった。そしてそれ以上に、彼は人のことを気にかけていた。彼は自分のやり方で世界を変えようとしていた。僕はそれを本当にリスペクトしている。そして彼がＨＩＶと診断されてからは、その病気のことを世間に周知させることに務め、公民権運動のために動き、南アフリカのアパルトヘイト関連の活動をするなど、とにかくすばらしい人物だった。

ジョーとはいつも、ウィンブルドン（テニスの4大大会の一つ。全英オープン）で活躍した彼の父さんやアッシュについて語り、そこから話はアフリカ、世界、公民権などにいつも発展していき、バスケットボールについて話すことなんてほとんど無かった。移民についてもよく話し合った。彼の母はスウェーデン出身なんだ。アメリカの医療問題についても話し合った。アーサー・アッシュは僕にとって完璧な存在だった。人々を助けていた。テニスがめちゃくちゃ上手かった。50歳（実際には49歳）でエイズで亡くなっている。「なぜ彼が？」と思ったね。彼らのような人々の話を聞くと、自分がギブアップする訳にはいかないと思わされるんだ。

僕のニューヨーク・ニックスでのシーズンは厳しいもので、誰にも言わずに家に帰ってしまったあの一件は、本当に駄目だったと理解している。あれは僕の責任だ。ミニマム（最低保証）契約しかもらえないような状況になった原因の一端でもある。あの一件のことで、いくつかのチームが僕のことをどう思っているかは分かっているし、それも僕の責任だから受け入れている。だからこそ、また証明しなければならないんだ。でもあのニックスでのシーズン中、ワシントンDCに行ったときに、まだ開館する前だった新しい国立アフリカ系アメリカ人歴史文化博物館（スミソニアン博物館の一つとして2016年に開館した。10階にも及ぶ展示は評価が高く、人気がある）に行く特別ツアーに参加することができた。

今でも思い出すと胸が一杯になる。僕はあまり泣き崩れるようなことは無い。おばあちゃんが亡くなった時と、膝の怪我を負ったときの病院でと、それぐらいだ。あとはブルズからニックスにトレードされたことをBJに電話で伝えられたときかな。でもあの博物館では涙腺をやられた。そのあとでもたまに誰かにその時の話をすると、泣けてきて息ができなくなることがある。それぐらいすごい体験だった。

あそこに足を踏み入れると、僕の場合はそこにいるだけで胸が一杯になってしまうんだ。公平な機会を与えられず、苦しみながらも成し遂げられた真の偉大さの数々に囲まれ、打ちのめされる。こういった話はいつも歴史を語る上で隠されてきた。アメリカ先住民やアフリカ系アメリカ人への仕打ちは、この国が恥ずべきものだ。あの博物館に行けば、彼らがどういう人たちだったのか、どれだけ尽力していたのか、どんな仕打ちを受けていたのかを見ることができる。

胸が一杯になり、そしてモチベーションにもなる。

博物館ではナット・ターナー（1831年に反乱を起こした黒人奴隷）の聖書や女性奴隷の話

を目にした。彼女たちは筆記用具や紙すら手に入れることができなかった。文字を書いているところが見つかれば、奴隷主に殺される。だから何をしたかというと、髪の毛を抜いて、それを布に縫い付けていたんだ。特に印象に残り、今思い出しても身震いするのは、オークション台（売買の際に奴隷が乗せられた台）の展示だった。人身売買。この気持ち、わかるかな？　僕は今自分の才能を使ってバスケットボールをプレイすることができているけれど、彼らが経験してきたことを見て欲しい。そしてこの国自体がそれを元に形成されているんだ。それが何年も続いた。南北戦争が終わったあとでさえ、奴隷の仕組みを残すための法律を作っていた。投票権が無かったり、リンチされたり、事例は尽きない。

自分たちの真実に向き合えないのに、偉大《グレイト》だと言えるのか？　それがアメリカなのか？

僕は経験してすらいないのに、理解できる。このことはあまり人には話さず、自分の中に閉じ込めているんだ。でも、自分がどういう人間なのか、学ぶことはできた。今でも、僕の周りにでさえ存在する。僕はお金には困っていないが、買い物をしている時に、今は特に髪が長くなって、髭も生えていたりするから、店によっては近くにいる白人が僕のことを怖がっていると感じる時がある。家の近くに黒人がいたというだけで警察が呼ばれたなんていうニュースをしょっちゅう聞く。いい加減にして欲しい。

僕がお店の中にいて、入り口にいるセキュリティが僕のことを知らないことがたまにある。ホームレスみたいな風貌なことが多いし、ワークアウト後とかはさらに見た目を気にしていなかったりする。それに僕はそんなに背が高くないから、普通の人に見えるんだ。すると、僕が来るような店ではないと判断して、店の中をずっとついて回るんだ。僕が何か触ろうとでもすれば、「試着なんかされたら大変だ！　冗談じゃない！」とでも言いたげだ。

そこからの「もしかしてＤ－ローズ？」だ。

僕は笑い飛ばすようにしているけれど、笑いごとではないし、この国の状態を物語っていると思う。そして相手がどう考えているのかを知ることもできる。ステレオタイプでしか見られていないということだけれど、そんなことでいちいちショックを受けている訳にはいかない。そういう相手全員に怒り散らす訳にはいかない。もしそう感じるなら、それはそいつの責任だ。問題があるのはそいつ本人なんだ。とりあえずこの靴を買わせてくれないか？

僕の家族は、僕が没頭しているものにあまり興味を持たない。僕は彼らのそういうところを愛している。僕は、見た目に反して物欲が強いところがあるんだ。もうこれはどうにもならない。でも家族には全くそれが無い。僕は服が大好きだ。１５０ドルのシャツを僕は欲しがるけれど、彼らは興味を持たない。ＮＢＡにずっといると、あの世界が当然だと思うようになりがちだ。でも、家族といるとそうではないことに気づかせてくれる。

買った服を何回も着るわけではないのだけれど、僕はファッションが大好きなんだ。ため込んでしまうタイプなんだよね。ブランドのコレクションを集めても、ただ持っているだけだったり。買って、着てみて、それ以降は何年もただ眺めているだけ。何年も経ってから久しぶりに着てみると、ファッションに詳しい奴とかが「凄いな、それずっと持ってたの？」と驚く。そういう所に気づいてもらえるのが大好きなんだ。

着るものはベーシックなものが好きだ。背中に思いっきりGUCCIと書いてあることはない。ちょっと隠れている感じがいいんだ。僕のスタイル？　リラックスした感じのものが好きだけど、たまに派手なものも選ぶかな。ラッセル・ウェストブルック（NBA選手。三シーズン連続でシーズン通算平均トリプルダブルを記録した他、MVPにも選ばれた。奇抜なファッションで知られる）ほどではないけれど、シンプルな洋服に派手なシューズを合わせたりする。シューズで主張するんだ。シューズがすごく明るい色だったり、シャツと同系色だったり。もしくはシャツがすごく派手なときは、ボトムスが大人しめとかね。シンプルなジーンズとシンプルなシューズ、でもシャツが主張していたり。そんな感じで合わせることが多い。そうやって自分の性格を出しているんだ。大人しいけれど、実はそうでもない。あとはその日の気分にもよるかな。子供と遊んでいる時はハッピーで、明るくて、派手。もし暗い場所に行くなら、着る意味のない服もあるよね。あとはスーツも持っている。最近スーツを9着新調した。スーツは銀行との打ち合わせなんかに着ていくことが多い。

お金を使うのは服がほとんどだね。NBA選手は金持ちだ。腕時計やチェーンネックレスに15万ドル使う選手たちを知っている。僕もそれ位の金額を使うことはあるかもしれないけれど、例えば2018年には家族を連れてニューヨークでJ・コール（グラミー賞も獲得しているラッパー）のコンサートに行ったり、そういう使い方をしている。彼のような才能を見るのが大好きなんだ。とても勇気付けられるし、インスピレーションを与えてくれる。彼がどれだけの時間を費やしてきたのかを感じることができる。リスペクトだ。自分の為にお金を使う時は、そういう風にみんなで経験できることに使うことが多い。僕もそれで気分良くなるんだ。これまでに行ったコンサートもそうだったけれど、いつかまたみんなでその時の思い出話に花を咲かせることができる。コンサートに行くのはいつも最高に楽しい。家族みんなが楽しむんだ。プライスレスな時間で、それはお金で買うことはできない。

時計やチェーンネックレスを買うのが悪いと言っている訳ではない。そこは勘違いしないで欲しい。人にはそれぞれ弱みがある。お金に関しては、自分が一般人だとしたら僕は沢山使うよりも貯めていたいタイプというだけだ。だいぶ貯金したよ。それだけ努力してきたから、たまには使ったっていい。ただ服を買う以外にそこまで浪費の対象がないんだ。アディダスのブランドコレクションはある。いつかステラ・マッカートニー（ファッションデザイナーで、アディダスとの長期的なコラボレーションではスポーツウェアを展開している）みたいに女性用のブランドを出したいとも思っている。中国に行く時に同行する人の多くは女性なんだ。でも今はバスケットボールよりもファッションに時間を費やす訳にはいかない。今はバスケがナンバーワンだ。子供のためにも、全力を尽くさないといけない。

母さんに恥をかかせたくないから、ブルズにいたころに、メンフィス大時代の僕がギャングスター・ディサイプルズ（シカゴ最大のギャング）のギャングサイン（ギャングのメンバーが自分のグループを代表する時などに手で形作るサイン）をしている写真が流出したのは最悪だった。実際にギャングサインをアピールしたかった訳ではないのだけれど、そう見えるものだった。

僕は子供が大好きで、世の中を前進させるのは若い世代だと信じている。それを支える側にいて、ロールモデルでありたい。子供たちにデタラメなことを言ったら、すぐに見破られる。彼らは真っ先に気づくだろうし、そのことをはっきり言ってくるだろう。僕は常々、行動でお手本を示したいと思っている。だからこそ、あのギャングサインは良くなかった。決してギャングを称えたいという訳ではなかったんだ。

「メンフィスでナンバーワンだぞ」と言いたかった。あのサインを掲げることで「プーがメンフィスで結果を出してるぞ」と伝えたかった。シカゴからメンフィスまでやってきて、ナンバーワンになれた。シカゴのみんなにも誇りに思って欲しい。それだけだった。ただ、やり方が完全に間違っていた。

お手本になろうとしている人間としてやってはいけないことだった。高い授業料になったよ。ただある意味、子供たちにとっても勉強になったかもしれない。ああいうことをしてはいけないってね。僕は完璧な人間ではないし、ベストを尽くそうとしているけれど失敗することもあるということが分かったかもしれない。でも、できるだけ大きな失敗はしないようにしなければ。あれは今でも後悔している。

自分が間違ったことをしてしまったときは、必ず後悔した。シカゴでメディアから批判されるようになってから、自分が取った態度もそうだ。もっと器の大きな人間になってあれを受け止めるべきだったけれど、当時の自分は若すぎた。

フェアな報道だったかどうかは関係ない。どんな状況でも正しく対応しなければならない。僕はそれができなかった。自分に対する攻撃というものは、容易に目に入ってくる。たとえば僕がクリーブランド・キャバリアーズ入りした時には、シャキール・オニール、チャールズ・バークリー等TNTの連中は僕はもうダメだ、キャリアは終わっている、引退すべきだと言っていた。あからさまな悪口だ。でも言いたい奴には言わせておいて、僕はただバスケを続けるだけだ。子供たちも嫉妬や自分のことをよく思わない相手に直面することがあるだろうから、僕はそこでお手本になれるような存在になりたい。

しかも結局みんな「おい、Dーローズが2018年にプレイオフシリーズで活躍してるぞ」「まてよ、2019年にDーローズが数字を残している」という具合だ。そいつらは今はなんて言っている？　バスケットボールのことを考えているのか？　それとも個人攻撃なのか？　みんなそういった雑音との付き合い方を学ばないといけないんだ。

大学には少ししかいなかったけれど、間違いなく多くを学んだ。メンフィス大での時間は最高だった。すばらしいシーズン、すばらしいチームメイトたち、そしてカル。それに初めて一人で生活するという状況を、しっかりと責任持って全うすることができたことが誇らしかった。一学期を乗り越える必要があって、僕はしっかりと勉強して必要な成績を残すことができた。問題を起こすこともなく、時間を守り、いるべき場所にいた。授業に出て、スポーツに没頭した。大したこと無いように聞こえるとは思うけれど、僕にとっては大きなことだったんだ。いつも体育館にいた。そのおかげで、問題に巻き込まれるような状況を避けることができた。

僕が入学する前に、選手やチームメイトがバーで喧嘩を起こすことが何度かあった。南部の街だからね。それを受けてカルが声明を出した。ニュースに出演し、もしチームの誰かが問題を起こしているのを見かけたらメールで教えてくれと話したんだ。クラブなんかにいるのを見たらMySpace（2000年代半ばにアメリカを中心に人気を博したソーシャルネットワーキングサービス）に連絡をくれって。当時ツイッターはまだできたばかりだったからね。どちらにせよ選手たちが遊びに行くときは川を渡ってミシシッピ州の方に出ていくから、カルがメンフィス（ミシシッピ州に隣接するテネシー州の主要都市の一つ）のローカルニュースで何を発言しても関係なかったのだけれど。とにかくカルは、選手たちに常に正しい行動をすることを求めていた。

そこで僕の中では三つのGが鍵になった。女（Girls）、体育館（Gym）、試合（Games）。これを念頭におけば問題は避けられる。そもそもあまり出かけたりするタイプじゃないんだけどね。だからこそ、のちにメディアでそういう風に叩かれるのは変な感じだった。一番辛かったのは、世間が僕の名前を叩きまくっているときに、家族といることだった。家族は僕がどういう人間なのか分かっている。僕がアグレッシブなタイプではないということも。そこで僕が徹底的に批判されているのを見て、彼らも傷ついていた。誰もそういうことは考慮しない。シカゴで怒りが出てしまったのもそれが理由だと思う。自分自身の弁護だけではなく、家族も守らないといけないという気持ちにさせられたのは、納得がいかなかった。

メンフィス大に話を戻すと、あれは本当に特別な時間、特別なシーズンだった。出だしから26勝0敗で全米一位になったんだ。小さな学校で、誰も予想していない中で、我々は圧倒的だった。ビッグゲームでも勝つことができていた。ニューヨークではOJ・メイヨ相手に延長の末に勝利した。とにかく覚えているのは、チームの調子がとても良かったことだ。プレイする全ての試合で負ける気がしなかったし、カルがチームを完璧に指揮していると感じていた。

カルは選手たちのモチベーションを上げることに長けていて、選手のみんなはお金が大好きだということを知っていた。だから試合を通してカルは「チャリーン、チャリーン！」と叫んでいた。僕のドラフト順位やロッタリーに関して言えば、トーナメント（NCAA男子バスケットボールトーナメント）でもし決勝戦までに負けていたら、僕は全体一位になっていなかったと思っている。おそらくマイケル・ビーズリーが一位になっていただろう。でもトーナメントに辿り着いてから、カルはさらに僕のモチベーションを上げてきたんだ。

トーナメント開始前に、彼は僕を部屋に呼んだ。僕がどう感じているかとか、普通の会話をしていたと思ったら突然、「いいか、君がいつも通りのプレイをしてくれないと勝てるチャンスは無い」と言ってきたんだ。

つまり彼が言いたかったのは、ＡＡＵでプレイしていたときのようにプレイしろということだった。カルは僕の高校の試合には滅多に来ることが無かった。僕をリクルートしたのは、ＡＡＵでのプレイを見たからだ。高校の試合を見に来たときの感想は「一体なんだ、これは？　まるでポイントガードをやっていないじゃないか。ボールを持っていないじゃないか。それは変えなければ」というものだったらしい。

それまでチームを僕に任せるという話をカルにされたことが無かったので、僕は驚いた。いつもなら、僕よりも年上のクリス・ダグラス＝ロバーツとそういう話をしていた。彼の方がチームに長くいたので、彼に頼ることが多かった。だからこそ、カルにそう言われたことで、僕は責任を持たなければという気持ちになったんだ。驚いたよ。でもそれが結果につながったんだ。

カルの下でプレイするのは最高だった。今でも連絡を取り合っている。たまに歴史を織り混ぜてモチベーションを上げてくれることもあった。あれは良かったね。昔の選手たちがどれだけ努力していたとか、どれだけゲームを愛していたかなどを話してくれた。そして、周りは全てが敵なんだという風にチームの意識を持っていってくれた。彼の得意技だ。そのシーズン、どんな状況であろうと、僕らは全員を倒していくという気持ちでプレイしていた。シーズンを通してナンバーワンだったのはそれが理由だ。すると周りも、我々のことを認めざるを得なくなる。認めたくなかったとしても、勝つことでそうさせてやる。誰も話題にしないような学校だったから、そういったことも大いにモチベーションになった。でも僕は、このチームがどれだけ強いか分かっていた。目の当たりにしていた訳だからね。周りがなんて言おうと関係ない。僕はみんなと一緒に練習して、みんなを間近で見てきた。シカゴでプレイしていたときと同じように、沢山の有名選手がいるチームではなかった。

トーナメント入りする前に一試合だけ、テネシー大学相手に延長の末に負けている。正直、あのシーズンは本当に誰にも負けないとチームの全員が感じていたんだ。前半のほとんどはリードしていた。ところが意外な結末になった。プレイする試合全てを勝つと思っていたんだ。ただあの夜は、相手が完璧な試合をした。これだけ沢山バスケットボールをやっていれば、そういう夜も出てくる。そんな日もあるさってやつだ。

そして決勝戦、カンザス大への敗北。僕のバスケットボール人生で、一番悔しいのがこれだろう。人に聞かれたら、この試合だと答える。僕がフリースローを外したことが、負けにつながったんだ。手を挙げて、自分の責任だと認めた。

若い頃は、沢山の優勝を飾っていて、僕のチームはいつだって勝てるかのように思っていた。大学でも当然それが続くと信じていた。そしてトーナメント出場を勝ち取り、「これも優勝してやる」と思っていた。決勝戦にも、「自分らしいプレイをして、僕たちは勝つんだ」という気持ちで臨んだ。リードをしている中で、僕がスリーを決めた。ところが試合の終盤、僕がメンフィス大の16得点中14点を獲得するランを展開していたときに、それが2ポイントショットに変えられてしまった。

うちが試合をリードしていて、優勝に手が届くところまできていた。そこでクリスがフリースローを二本外した。僕も一本外し、マリオ・チャルマーズがあのスリーポイントショットを決めたんだ。その前には、シカゴのクレイン高校出身のシェロン・コリンズがビッグショットを決めていた。「延長に行ったとしても大丈夫だ」と僕は思ったが、結局延長では相手にやられてしまい、試合終了となった。僕はその試合の45分間を全てプレイした。

コートを立ち去るときに、会場で上がった花火の音が痛かったのを覚えている。僕は怒りが治まらず、誰かに触れられたら、それだけで殴りかかりそうな勢いだった。会場では歓声が沸き起こっていた。他にも周りで色々起きていて、僕は混乱し、気が動転していた。でも試合後にカルがこう言ってくれたのを覚えている。「みんな本当にありがとう。周囲は誰も予想していない中、我々は決勝戦までやってきた。テネシー大に負けるまでは全米一位だった」。

うちはフリースローがあまり得意なチームではなかったけれど、シャックがいつも言っていたように、必要なときにはしっかり決めるという自負があった。実際のところ、彼はあまり決めていない。それはあの日の僕らも同じだった。フリースローの重要性を思い知ったよ。マジック・ジョンソンにも見られたことだ。彼のフリースローの数字をチェックすると、キャリアを通してどれだけ上手くなっていったか分かると思う。最終シーズンのころにはフリースローの成功率が

90%に達していた。あの敗戦の直後に、僕が真っ先に練習すべき課題ができた。あれ以来、フリースローの成功率が大学時代を下回ったことはない。毎年数字を上げて、怪我から復帰後は86、87%ぐらいにまで引き上げた。

あの試合ではフリースローを一本しか外していないので、もしあの一本を外していなかったら、恐らくそれほどフリースローを練習しようという気持ちにはならなかっただろう。カルと試合について話した時も、「僕の責任だ、僕のせいだ」と言った。

すると彼は「ビデオを見返してみろ、デリック。あの試合はこのプレイでも、あのプレイでも負けていた可能性はある」と言ってくれた。彼がそう言ってくれたことには感謝している。でもやっぱりあれは自分の責任だ。あれほど親しくなったチームはこれまで無かっただけに、それだけ辛いものがあった。みんな僕より歳上だったけれど、入部してすぐに溶け込み、家族のように感じることができた。まるでホームのようで、最高だった。

そして驚いたことに、そのあと想像もしなかった展開になった。僕はシカゴに戻って、地元《ホーム》のチームのためにプレイすることになったんだ。

Chapter : 7

ブルズでプレイするなんて考えたことも無かった。小さいころは特にどのチームのファンという訳でもなかったんだ。もちろん、ブルズが勝っていれば嬉しかったし、毎年プレイオフに出場していたけれど、いつも自分の試合のことを考えていた。だから特にブルズを観ているというわけではなかったんだ。今後どんな選手と対戦するのかを知っておくために、リーグ全体を観ている感じだった。ところが、２００８年にブルズがプレイオフを逃した。それでもブルズがドラフトの一位指名権を当てる確率は1、2％ほどだったから、その時点でもまさか地元でプレイすることになるなんて考えていなかった（ＮＢＡではプレイオフを逃したチームの中から抽選で翌年のドラフトでの指名順位が振り分けられる。上位指名権を得る確率は成績が悪かったチームほど高く、良かったチームほど低い。そのため、4ゲーム差でプレイオフを逃したブルズが一位指名権を取る確率は1.2％という低い確率だった）。

そうしたら、ブルズが全体1位指名を獲得したんだ。

でも、自分が一位指名になるとも、あまり思っていなかった。メンフィス大にいたころ、しばらくの間は自分がリーグ入りするのに二年ぐらいかかるかもしれないと考えていた。そんな中でトーナメントでの躍進があった。ブルズは得点力のある選手を欲しがっていると聞いていたので、それならマイケル・ビーズリーかなと思っていた。地元でプレイするのはあまりにもプレッシャーになるので、シカゴ出身の選手は欲しがらないとも聞いていた。何年も前にマイケル・フィンリーを同じ理由で指名しなかったとも、誰かから聞いたことがある。ちなみにフィンリーは、のちにオールスターになっている。

全体二位指名権を持っていたのはパット・ライリーのいるマイアミ・ヒートで、ライリーが僕のことを気に入っているのは知っていた。だから実際にドラフトでどうなるのかは、分からなかったんだ。D－ウェイドと組み合わせるポイントガードは必要だろう。僕の家族も、もしヒートに指名されたとしても嫌な気持ちになる人はいなかった。僕としてはどちらでも同じだった。シカゴ？　マイアミ？　ウィンウィンだ。そう感じていた。地元でプレイできたら最高だし、D－ウェイドと、しかもマイアミで一緒にプレイできたら、それもまた最高だ。

ブルズにはすでにカーク・ハインリックというポイントガードがいた。ドラフト直前まで決めかねていたと聞いている。

さらに、直前になって「指名しないでくれ」と思うような一件があった。

ドラフト前日はニューヨークにいて、指名するよという連絡をチームからもらうでしょ？　当日は驚いた振りをしないといけないんだけど。その夜、僕はニューヨークで代理人のBJ・アームストロングと食事をしていたのを覚えている。僕が一位指名されるというのがもっぱらの噂だった。食事中にBJから電話を渡され、ガー・フォアマン（当時のブルズのGM）たちと話していると、途中から兄の過去の話題になった。「君の兄は、捕まったことがあるね」と。

チームがそういったリサーチをすることは知っていたけれど、意味が分からなかった。僕を指名するんだろう？　それとも兄さんを指名するつもりなのか？　僕がコート上でやることに、兄さんは一切関係ない。とにかく腹が立って、すぐに立ち上がってその場を去った。食事の席で怒りを露わにし、外に出て行ったので、その場にいたみんなは「デリック、いったいどうしたんだ?」と困惑していた。

僕はBJにこう言った。

「じゃあ指名するなと伝えてくれ。マイアミに行く。奴らが兄さんの生き方を気にしても、僕は何も知らないことだ。僕なら兄弟の前科なんていちいち調べ上げない。そんなの知ったこっちゃない」

僕は兄さんを愛している。そんなことは僕にはどうだっていいことなんだ。

そして、ブルズは僕を指名した。

傷ついたけど、指名されたことで、全ては水に流した。

雑音が多いことを指摘する人もいたけれど、僕はシカゴでプレイすることを心配してはいなかった。そもそも、あまり多くの人と付き合いがある訳でもない。仲がいいのは、6年生のころから付き合っているような連中ばかり。ずっと親しい付き合いを続けている人たちは、今でも一緒にいて、本当に信頼できる。彼らは僕とつながっている。メディアで僕が叩かれると、彼らにもそれが伝わるのが一番辛かった。

シカゴで一番きつかったのは、やりたいことをやる自由がなくなり、行動範囲も限られてしまったことだろう。どこかへ出かけて、普通に振る舞って、ただ普通でいるということができなくなった。今振り返ってみれば、シカゴでは無駄なエネルギーを使いすぎたのも問題だったと思う。地元でプレイするとなると、避けられないことだった。一歩外に出ると、めちゃくちゃ周りから見られた。変な目で見る人もいれば、すごく興奮して見てくる人もいる。まるでサーカスのようだったけれど、それが無ければなんとか対応できるはずだった。

僕がシカゴでプレイする上で重要なことが一つあって、それがいずれ優勝につながると信じていた。これについては、ずっと信じることをやめなかった。MJはどれぐらいかかった？　7年間、彼は追い続けた。僕も今までずっと追い続けてきた。シカゴに戻ることで、より良いバスケをプレイするよう、自分を追い込めるとわかっていたんだ。僕はそういう覚悟だった。シカゴでプレイすると、あらゆることを分析され、批評され、マイケルと比較される。それが自分、そしてチームの向上につながる。偉大な先人たちと比較されるのは、僕にとって昔から経験していることだった。それでいつも勝っていたので問題無かった。今までと同じようにプレッシャーが続くだけだ。それを気にすることは無かった。

少なくとも、終わりの方までは。

終わりの方、つまりブルズでの最終年になって初めて、街《シカゴ》の僕に対する見方が変わっていると感じた。試合中にこれまでなら聞こえてこないような会話が聞こえてくるんだ。聞かないようにはするんだけれど「え、なんて言った？『パスしろ』って？　どういう意味だ？」と気になってしまう。客席から色んな野次が聞こえてくる。自分がターゲットになっていた。数字を残していなかった訳ではないけれど、あのチームには穴がいくつもあった。

あの最終年はフレッド・ホイバーグが新コーチで、全く新しいチームだった。ジョーとマイク・ダンリービーは怪我でシーズンの半分を欠場した。ジミーも怪我をした。僕とジミーの出場試合数は同じぐらいだった。パウ・ガソルも怪我をした。そしてプレイオフを逃すことになった。

「僕のせいなのか？　僕のせいってどういうことだ？」

でもそれは間違った捉え方だった。

普段ならこういうことの扱いは得意だけれど、あの最終年は違っていた。朝刊に批判記事が載ると、友達と酔っ払うためだけに試合に来るようなファンがそれを読んで「あいつは調子悪いのか。ちゃんと仕事をしていないから、あのマザーファッカーはダメなんだ」と言う。4杯目のビールを飲んだそのファンが試合会場で野次を飛ばす。「だからお前はクソなんだよマザーファッカーー！」。

そういう日々だった。そういった声が耳に入ってくると、「もはやファンとして試合を観に来ていないじゃないか。野次を飛ばすためだけに来ているんだろ」と思いながら、客席を見るようになっていた。相手が酔っ払っていようが、やはり傷ついた。こういうことに関してセンシティブになりたくはなかったけれど、自分としては最大限を尽くしていただけに、傷つかずにはいられなかった。自分がどれだけ身を捧げているかは、人には理解されないものだ。

勘違いしないで欲しいのは、こういうことがあったのは最終年だけだったということだ。そして批判を正しい姿勢で受け止めきれなかったのは自分だ。実際、長い間そこには愛があった。僕はシカゴを愛しているし、今でもブルズのことを愛している。だから今でもシカゴにいる時は、施設でワークアウトしていいか聞くことがある。他の街ではそんなことはしない。ミネソタ・ティンバーウルブズとの初シーズン後、シカゴを訪れたときもジェリー・ラインズドルフ（シカゴ・ブルズのオーナー。大リーグのシカゴ・ホワイトソックスのオーナーでもある）に会いに行った。僕のために彼がやってくれた全てのことに感謝していると伝えたよ。ACLをやったとき、ジェリー・ラインズドルフは僕の様子を見に来てくれた。彼は選手たちのことを気にかけてくれていた。

僕が最も辛かったのは、ブルズを去ることで家族や息子のPJと離れ、彼らが試合に来れなくなることだった。全てが変わってしまう。とても感情が揺れ動く時期だった。

ルーキーで入団したあのブルズチームは大好きだった。性格のいい選手たちが揃っていた。もちろん、シカゴ時代のチームメイトは、みんな選手としてもすばらしかった。ただ、当時はまだスターと呼べる選手はいなかった。マイアミにはD－ウェイドというスターがいた。でも幸運なことに、ブルズはいい選手が揃ったすばらしいチームだった。僕がドラフトされる前の年のブルズは、コーチが解任されアシスタントコーチが昇格し、久しぶりにプレイオフを逃すという、激動のシーズンを送っていた。でもいい選手が揃っていたんだ。

例えばのんびり屋のルオル・デン。僕が初めてしっかりと身体をケアするようになったのは、ルーの影響だった。彼はいつもリカバリーに時間をかけていた。カーメロ・アンソニー（2003年に全体三位でドラフトされ、幾多のオールスター出場やアメリカ代表としてオリンピック出場を果たしている）に勝るプレイをし、28点も取って勝利した試合のあとでも、試合後に何かしら身体のメンテナンスをしていた。バイクだったり、ウェイトだったり、負荷レベルを変える複合トレーニングだったり。僕は若い頃はほとんどトレーニングルームに行くことが無かったので、理解できなかった。いつも素通りだった。コートでシュートを打ったり、自分の得意なスポットを探してばかりだった。

だから彼があれだけ打ち込んでいるのを見るのが、自分のプロとしての姿勢を見直すきっかけになったんだ。「彼がああやっているのだから、自分もプロならば同じようにやらなければ」と思うようになった。もっと早くからルーのやり方を取り入れていれば、状況は変わっていたかもしれない。自分の身体について沢山学んだよ。短かかったクリーブランド・キャバリアーズ時代にも、レブロンがいかに自分の身体をケアしているかを見て、学ぶところがあった。彼もまた、朝にはウェイトだったりリカバリーだったり、色々やっていた。彼は全て責任を持ってきちんとこなしていた。15年間で、彼はしっかりとしたルーティンを作り上げていた。僕はルーティンを見つけるのに何年もかかった。

リカバリーをしっかりとやるには、相当なレベルで打ち込まないとできない。だからこそルーは、ＬＡで一シーズン欠場しながらも、しっかりと復帰できたんだ。試合が終われば、仲間と出かけたりしたいものだ。ブルズにいた初期のころ、僕もクラブなんかに行っていた。「家で食事をして、テレビでも見るか」と言えるには、かなりの自制心が必要だ。しかも金曜日に。これができる選手はあまりいない。ルーは特別だった。

それもあって、他の選手を獲得するなんて話をすることに、違和感を感じたんだ。これについてはまたあとで触れる。二度目と三度目の膝、つまりＭＣＬの怪我の直後辺りから身体への意識が変わっていった。「目の前にお手本になるすばらしい選手がいるじゃないか。ルー、ジョー、みんな身体をケアしている。僕もやらないと」ってようやく理解できた。

まずは自分の身体を知るところからだった。正しい食事の仕方、ストレッチの仕方、リカバリーの仕方を学ぶ必要があった。僕の身体は普通と違う。他の人と比べると3、4倍はリカバリーに時間をかけないといけないと思う。そこに怪我なんかも加わって、やりすぎなぐらい時間をかける必要がある。手術を何度もする前から、僕は瞬発力が高い分、リカバリーをもっとやらないといけないと周りから言われていた。僕は怪我をするまでは、そういった言葉に耳を傾けなかった。自分が変わっていると思いたくなかったのもある。でも実際は、他の人と俊敏性が違うので、身体のケアも他人とは違う方法でやる必要があったんだ。高い勉強代となった。

今は常に自宅にいる。NormaTec のリカバリーブーツはコンセントに差し込まれ、その他のリカバリー用の道具も家中に置かれている。自宅にトレーニングキットが揃えてあるんだ。一年を通して、一日を通してできるだけリカバリーに時間を割いて、翌日に疲れが残らないようにしておきたいんだ。街に出かけることがあっても、食事をしておやつを調達したら、ベッドで映画を見たり、ストレッチをしたり、電話をしたり、FaceTimeをしながら、その間中リカバリーもしている。帰宅してから就寝までの間、ずっとだ。特に夏は、ワークアウトしたあとはずっとリカバリーに費やしている。

本当は誰だって、こんなことをしたくてやっているわけじゃない。でも朝にクソみたいな状態で起きるのは最悪だ。例えば僕はシーズン直後、一、二週間ほど何もしない休養期間を設けている。でもそうすると、すぐに筋肉が張り始めるんだ。それを一、二ヶ月も続けたらどうなると思う？　いざバスケをやろうと思ったら、筋肉が疲れちゃってるんだ。また一から筋肉を起こしてあげないといけない。だから日頃から縄跳びやラダーでのトレーニングを沢山するようにしている。身体を一定のレベルに保っておくことで、何度も繰り返し仕上げないといけない手間を省くんだ。徐々に身体を作っていけばいい。常にある程度の身体の状態を保つ。それが僕の今の生活だ。

ベン・ゴードンがウェイトトレーニングをしているのは見たことが無かった。彼もまた、すばらしいチームメイトの一人だ。大人しく、プロ意識が高く、すばらしいシューターであり、すばらしい人間だ。ブルズが指名していた選手はみんなプロ意識が高くて、どうしようもない奴はいなかった。たまにミスをすることもあったかも知れないが、ロッカールームで問題が起きる心配はなかった。そういった選手こそ、チームメイトに欲しいものだ。

ベンとはあまり喋ることは無かったけれど、コート上ではお互いを理解し合っていた。一年目の、ボストンと第7戦までもつれたプレイオフシリーズがいい例だ。ベンはビッグショットを次から次へと決めていった。彼もまた闘争心溢れる選手だ。僕と同じような意識でプレイをする選手だった。

そういう選手とは、お互いを刺激し合うことができるんだ。相手が三本連続で決めたら、こっちも「よし、今度は僕がやるから見てろよ」となる。僕とベンはそんな関係だった。彼はいつもクールで、落ち着いていてチルな性格だったけれど、闘争心があった。誰が相手でも楽々と得点ができる。試合の終盤に、他のチームメイトが楽に得点できるのは彼のおかげだった。相手は彼に注意を割かないといけなかったからね。おかげでボストンとのプレイオフ初戦で、僕は36得点することができた。

ベンのおかげで、僕は楽にプレイすることができた。彼には本当にチームに残ってもらいたかったので、フリーエージェントとしてチームを去らないといけなかったのは納得できなかった。でも、人それぞれだしね。

これがただの噂なのかはわからないけれど、ブルズを去るのではなく提示された額を受け入れるべきだったと彼は後悔したと聞く。そうしていれば、今でもリーグでプレイしていただろう。

でもピストンズに移籍した彼に、いい機会は巡ってこなかった。才能があっても、いい機会が無ければ成功できない。ニックスにトレードされたあと、僕が手にしようとしていたのは正にそれだった。ブルズに残っていれば、彼は間違いなく起用され続けただろう。実際、当時の僕らに彼は必要だった。

ヴィニー・デルネグロ・ヘッドコーチとの初シーズンは少しカオスだった。僕がリンゴを食べようとして手を切ってしまったことも、その要因の一つではあったかもしれない。誰かにスラッシャーの定義が変わる（スラッシャーはバスケ用語でドリブルでリムに切り込むことができる選手を指すが、〝slash〟には「深く切る」という意味がある）って言われたな。笑えるだろ？　でも決して、何か別のことを隠すためにでっちあげた話ではない。実際にベッドの上で誤ってナイフで切っちゃっただけなんだ。

馬鹿みたいだってのも分かっている。

僕はベッドに横になっていて、ランドルは上の階にいた。当時はよく、あの硬いりんご飴を買っていたんだ。それを切ろうと思って、リンゴを手に取るために一度ナイフをベッドに置いた。そしてシーツをバッと上に引っ張ってナイフを探そうとしたら、ナイフがすぐ手元にあって、それで切っちゃったんだ。思いがけない事故だった。ランダルには何も言わずに、そのまま家を出た。ランドルが見に来たときにはベッドが血だらけで、僕が誰かに刺されたんじゃないかって心配したらしい。とにかく血を見てパニックになったそうだ。

誰も信じてくれないだろうとは思った。実際僕のキャリアを通して、僕の話を信じない人は多かった。しかたないよ。確かに僕の話はたまに突拍子もないことは分かっている。信じられなくても無理ないよね。

話は戻って、とりあえず僕はブルズのトレーナーに連絡をした。10針縫って、その日はそのまま練習に参加した。ガールフレンドに刺されたとかいう噂が出回っていたのは知っているけれど、本当にベッドの中でリンゴを食べようとして切っちゃっただけなんだ。馬鹿だったのは分かっているけれど、人生で女性と揉めたことは一度も無いよ。

ランドルはすごく落ち着いたチルな奴なので、あいつがどれだけパニックしたのかを想像するとちょっと面白い。まるでホラー映画かというぐらいベッドが血だらけだったんだ。僕はそのまま黙って車に乗って出て行っちゃったからね。

このシーズンは、僕の加入や、それ以前にあったことを含め、新しいコーチということもあって、お互いとのフィットを探すシーズンだった。ヴィニーと他の選手たちにはとても感謝している。僕が自分のミスから学びながら成長することを、彼もチームメイトも受け入れてくれたんだ。それはルーキーにとっては、とても大きなことだった。

ヴィニーは僕にとって最高だった。得点はベンやルーがやってくれていた。当時のアシスタントコーチにはデル・ハリスがいた。彼は僕に罵声を浴びせて叱りつけた初めてのコーチだった。

ある日、彼がミーティングでゾーンディフェンスについて語っているのを、僕が笑ったと勘違いしたんだ。そこから、僕を筆頭にいかに誰も何も分かっていないかについて長い説教が始まった。ジョン・パクソン（当時のブルズのGM）にも同じことを言ったと聞いたことがある。さらに、ゾーンディフェンスに関する本を6冊も書いていて、自分ほど詳しい人間はいない、と説教は続いた。

ところが、彼は僕を激しく叱りつけたけど、笑っていたのは僕じゃなくてタイラス・トーマスだったんだ。いつものやつだ。僕が物静かに見えるから標的にされるんだ。多分タイラスだということは分かっていたと思う。僕なら何も言わないだろうと思って、僕を選んだんじゃないかと思っている。

それでも、あの年はいい一年だったのを覚えている。プレイオフに出場しようと必死で、実際に出場が叶った。あのボストンとのシリーズは僕と、このチームが世間に知られるきっかけとなった。

シーズンの出だしは苦戦していたけれど、途中でジョン・サーモンズとブラッド・ミラーをトレードで獲得したことでシーズンが変わった。あの直後に、チームとしてハマった気がする。ジョンがオフェンスを一気に広げてくれた。チームが必要としていた、さらなる脅威となってくれた。相手チームは常に僕がゴール下まで切り込むことを阻止しようとしていた。とにかくベン以外にショットを数本決めてくれる選手が必要だったんだ。本当に、当時はこのチームには特別な何かがあると思っていた。

僕はアグレッシブだという印象を持たれたくはない。チームでプレイする時、いきなりシュートを25本も打つようなタイプではない。徐々にチームメイトとの信頼を築いていき、実力を証明できれば自然とボールは集まってくるようになる。緊迫した状況では、シュートを打ちたがらない選手も多くいる。僕は、とにかくいい試合をしたいという思いが強い。最初から支配しようという気持ちは無かった。「今年は82試合ある。この82試合をどう乗り越えるかだ」という気持ちだった。

ヴィニーとの二シーズン目については、よく聞かれる。特にフェニックスでゴラン・ドラギッチの上から決めたツーハンドダンクについて聞かれることは多い。なんであれだけ高く跳んだのかと言うと、左から来ていた彼が僕の脚の下に入ってしまうのが怖かったからなんだ。タイラスは前方にパスを出してくれた。万が一ドラギッチが脚に突っ込んできたことを考えて、最悪リングに捕まるという選択肢を持っておきたかった。彼と接触したことで、さらに高く身体が持ち上がり、叩き込みながらも無事着地することができた。若い頃は、ダンクをよく練習していた。初めてダンクしたのは7年生のときだから、それ以来長いことダンクの練習をやっていたことになる。彼と接触した時点で、リングにぶら下がる必要は無いと判断できた。

一年目は一試合だけ欠場して、プレイオフを迎えた。しっかり休養を取ることの大切さを知る、厳しい経験となった。若さもあって、特に第一戦のような勝ち方をしたので、試合後に街に繰り出したくなってしまったんだ。第二戦では、脚に疲れを感じたことを認めるよ。ベテランが分かっているのはそういうところなんだ。

得点を重ねることで、僕はルーキー・オブ・ザ・イヤーに選出された。でも僕はあまり自分の年齢だったり、若いということは考えていなかった。リーグに入った時点で、みんなと同じ『NBA選手』というレベルにいる。僕より歳上だろうと関係ない。僕がそう考えていたからこそ、ボストンとのシリーズでルーキーの得点記録を作ったりと活躍することができたのだと思っている。

紙面上では、僕は平均14から16得点を記録している。相手のチームでは、誰かが平均26、28得点している。でも活躍の場は同じだ。だからこそ、ティブス（トム・シボドーの愛称）がやってきたシーズンに、MVPについて「なぜ僕じゃダメなのか？」という発言が出たんだ。シーズン開幕に向けたあの記者会見で質問されて「なぜダメなの？」と聞いたのを覚えている。候補に挙げられていた選手たちとは渡り合ってきていたし、自分のやることはやっていた。別に自慢したかった訳ではなく、僕は常にハードワークしてきたという自負があるし、若いころからバスケットボールに専念して、多くのことを犠牲にしてきたんだ。多くを犠牲にしすぎていたことに後々気づくほどね。

自分がもっと上手くなれることは分かっていたし、他の候補のこともよく知っていて、どう対戦すればいいのかも理解していた。それに、リーグ入りした当時に想像した以上に、チームからはより多くのことを要求されていた。僕のバスケットボールへのアプローチはずっと変わらない。引っ込んではいけない。

人生と同じで、「なぜ?」ではなく「なぜダメなの?」だ。

シカゴ時代のチームメイトのことはよく思い出す。例えばカルロス・ブーザー。ブーズはこれまでに会った中でもっともエネルギッシュな人だ。明けても暮れても変わることなく、大声で騒いでは、クレイジーなハンドシェイクを交わし、これが一日中続く。ある日、トレーナーのフレッド・テデシがある選手のお尻に注射を打っていた。ブーズは試合前のアップが終わると、ロッカールームに戻る途中にいつもトレーニングルームに忍び込んで、フレッドを驚かせるというのがお決まりだった。ただこの時は、フレッドが誰かのお尻に注射してたのに、ブーズはフレッドの前に誰かがいるのに気づかずに、背後に忍び寄ったんだ。そのままブーズがフレッドを驚かしたもんだから、注射の針がお尻の中で折れそうになってしまった。フレッドは激怒していたし、他のみんなも怒っていたね。フレッドがあんなに怒ったのを見たのは、後にも先にもあのときだけだったよ。フレッドはまさかこんな状況でさえブーズがそんなことをするなんて信じられない、といった感じで振り向いたんだ。めちゃくちゃ面白かったよ。

あとはブーズが頭を塗ってきた時。ボストンでチーム練習があって、彼が帽子を被ってロッカールームに入ってきたので、みんなで脱がせたときに全員が目撃したんだ。まるで誰かが絵の具を塗りたくったかのようだった。髪があると見せかけるために、頭を塗って来やがった。しかも照明が当たると、テカるのなんの。

ヴィニーとの二シーズン目は、チームとして何かを掴み始めていると感じた。オールスターチームに選出されたけれど、オールスター休暇直前の試合で、跳んだところをドワイト・ハワードに吹っ飛ばされ、危うく出場できなくなるところだった。特に彼にはなにも言わなかった。他の選手とあまり関係を持つことが無いんだ。コート上で対戦して、そのときにちょっと話したりする以外はね。コートを出れば、僕はNBAとは完全に違う生活を送っている。

あの二シーズン目はチームの結束も強まり、とにかく全てが楽しくて、チームとして手応えも感じていた。周りにはそう見えなかったかもしれないけれど、うちにはいい選手が揃っていたんだ。プレイオフでは五試合でキャブズに負けてしまったものの、「そこまで差は無いな。来年はもっと良くなれる、もっと近付ける」と思った。プレイオフに出場して試合を経験できただけでも得るものはあった。負けることだってある。でも全力を尽くしたという実感があったし、試合を落とした原因も一つか二つミスがあった程度だった。確かあのシリーズのうち、二試合は二点差以内で決着がついたんじゃなかったかな。プレイオフは、チームとして死ぬか、チームとして成長するかの場なんだ。

ジョーがクリーブランドについて色々言って反感を買ったのは、あのシリーズでのことだった。面白かったけどね。ジョーとは一番仲が良くて、彼があういうこと言うのを聞くのは本当に可笑しかった。彼のニューヨーカーな一面だ。あれが大好きなんだ。味方のためならお互いに覚悟はできている、という気概を持っている。ジョーは僕にとって兄弟みたいなものなんだ。それにしても、あの「休暇でクリーブランドに行く奴なんているか？」という発言には笑っちゃったな。でもあれだけのバトルを繰り広げているんだから、当然のことだ。高校バスケではなく、大人が集まるＮＢＡなんだ。みんなにトロフィーを配って欲しいなら、違うスポーツを観たほうがいい。ＮＢＡはノー・ボーイズ・アラウド（お子様禁止）さ。今では当時ほどそういう空気は無くなりつつあって、少し寂しい気持ちもある。

あのシリーズが終わると、これまでとは違う何かを感じた。自分たちの時代が来た、と思った。あまり休養は取らず、あの夏はジムに閉じこもって一日二度の練習をこなしていた。当時は、あまり筋トレはせず、とにかくジムで自分を痛めつけていた。シューティング、ランニングレイアップと、自分の技を磨き続けた。ジムで何時間も、何時間も、ただボールを持って。基礎やジャブステップを鍛えたりして、準備を整えていた。僕らはあのシリーズで、チームのアイデンティティを証明できたと思った。あんな負け方だったけれど、チームとしてまとまりつつあった。「よし、優勝からそこまで遠くはないんだ。来年はもっと強くなれる。アイデンティティを築きつつあるし、成長している」と、手応えを感じていた。

すばらしい選手とは誰でも一緒にプレイしたいと思うものだ。僕はこれまでずっとチームメイトが得点するのを助けてきたんだ。２０１０年の夏はフリーエージェント市場が活発だったこともあって、あのシリーズのあと、レブロンと一緒にプレイすることになったとしても驚かなかっただろう。ブロンは一世一代の選手だ。デカくて、身体の使い方を分かっているし、自分のプレイやシュートを向上させるためにしっかりと練習し、キャリアが進むにつれ賢くなっている。今じゃまるでチェスをしているかのようにバスケをしている。彼がゲームをコントロールして、あんなにも色んなことができるのを見ても、僕等は最早それが当然のように思ってしまっているほどだ。

僕は「もしも」の話をするタイプではないけれど、もしブロンがシカゴに来ていたら、優勝していたと思う。何回かはわからない。でも、少なくとも一度は優勝していただろう。チェックリストにあるチャンピオンシップが達成済みになっただろうし、自分にとってそれは大きなことだ。あの頃のブロンとプレイしたかったなと思うよ。クリーブランドに行ったときに、彼とプレイできたのは良かった。むしろ、彼がいるからあのチームに行ったんだ。ニューヨークで色々あったこともあって、またしっかりと勝てるような環境に行きたいと思っていた。別のチームからもっとプレイタイムや高い契約を貰う選択肢もあったけれど、また勝てる環境に戻りたかった。僕はとにかく負けるのが大嫌いなんだ。

周囲からは、僕がレブロンとプレイしたがるはずはない、一緒になんてプレイできないと言われていたのは知っている。でも僕は誰とだってプレイできるよ。彼とD－ウェイドはどうだった？　どちらもドライブするタイプのスラッシャーだったけれど、毎年ファイナルに出場して二度優勝するほど上手くやっていたじゃないか。一緒にプレイする方法を見つけることはできるんだ。でも結局は関係なかった。彼らはマイアミでプレイすることを前から計画していたんだ。そのシーズンは夏の勧誘合戦が始まる前から、ビッグスリーがマイアミで集結するという噂をずっと耳にしていた。

D－ウェイドはファウルの貰い方が上手いので、昔から対戦するのが大変な選手だった。レブロン同様、決してシューターではないけれど、ファウルの貰い方を知っている選手と対戦するのはいつも大変なんだ。一定の場所、角度まで来て、ドライブすると思わせておいて、違うことを仕掛けてくる。ステップバックからのパンプフェイクでこっちは思わず跳んでしまう。試合終盤が特に脅威だった。彼はそのプレイスタイルで、第4クォーターに試合をひっくり返していた。

ブルズはあの夏、多くの選手と交渉していたけれど、僕は誰が来てもかまわないというスタンスだった。「シューターを獲れ、D－ウェイドとブロンを獲れ」とでも言うべきだったのだろうか？　そうではなく、僕はデレク・ジーター（元野球選手で、20年のキャリアを通してヤンキーズに在籍した）のやり方を好む。彼自身はリクルートをせず、自分が上手くなればいい、それが自分の仕事だと言うスタンスだ。リーグで一緒にプレイできたら最高だろうなと感じる選手は沢山いるけれど、僕もとにかく自分を伸ばす事に集中していた。実は頼まれてブルズのためにリクルート用の動画を撮ったけれど、それが公になることは無かった。

ラッセル・ウェストブルックのような選手との対戦は一段と違う。なぜなら特異な存在と対戦しているからだ。エネルギーの量が尋常じゃない。リバウンドを毎回全力で獲りに行く。そして全てが彼を中心、もしくは彼のプレイスタイルを中心に組み立てられている。そういう選手と対戦するのはとても難しいんだ。でも間違いなく、大好きなマッチアップだ。そういう選手とやるときは、どうしたって止められないという、ある意味不利な状況に置かれるのを楽しむようにしている。リングへのアタックの仕方から、僕自身がラスとよく比較されていたことは知っているよ。ただ、よく周りに過小評価されていると感じるのは、僕のコート上でのＩＱだ。そこには誇りを持ってやっている。確かにラスみたいに自然に身を任せたようなプレイをしているが、それと同時に試合自体のコントロールもしている。相手はそこにも注意してプレイしなければならない。

例えばティブスのシカゴ最終シーズンでのゴールデンステイト戦。僕はクアドルプルダブル（得点やアシストなど4つの項目で二桁の数字を記録すること）を記録した。まあ、ターンオーバーが11回だったのを数えればの話だけど。ジミーが欠場した試合だった。11ターンオーバー、ジミーも欠場で、負けるはずの試合だった。あのシーズンのウォリアーズはホームでは全然負けていなかったけれど、あの試合はうちがブザービーターで勝利したんだ。ああいう試合を僕は大切にしている。ラストショットがどうというよりも、ゲームをコントロールすることができ、まるで公園でプレイしているかのように、お互いとやり合う、あの感じだ。

リーグにおける偉大さとは何なのか、僕の考えを述べよう。偉大さとは、特定のポジションを特別なものにする選手のことだ。例えばチャールズ・バークリー。彼がリーグに現れて何をやったかというと、自分でボールをプッシュしていったんだ。ＫＧ（元ＮＢＡ選手、ケビン・ガーネットの愛称。ポジションはパワーフォワード）もボールをプッシュした。すると何が起きたと思う？　チーム全体がコート上を自由に駆け上がることにつながった。全てのポイントガードが望むように。まるでボブ・クージー（１９５０年にポイントガードとしてリーグ入り。ボールをプッシュするスタイルやハンドリング、パスなどは当時では革新的で、その後のバスケに多大な影響を与えた）がボールを運んだように。しかし80年代と90年代にＮＢＡのバスケはシステム化されていった。そこにＡＩ（元ＮＢＡ選手、アレン・アイバーソンの愛称。ハンドリングに定評があり、４度の得点王に輝くなど、スコアラーとして活躍した）が登場してどうなった？　彼はパイオニアだった。より自由にプレイするスタイルが生まれた。今ではジェームズ・ハーデンのような選手がいる。彼は色んな技を持っているから守るのが大変な上に、Ｄ-ウェイドのようにファウルの貰い方も知っていて、さらに身体が強いということに気づいていない人も多い。簡単にやっているように見えるけれど、実際に対戦していると全く見え方が違う。あのポジションでは珍しい強さを彼は持ち合わせている。アンソニー・デイヴィスは、あの機動力を持っているのがユニークだ。彼はディフェンス面でも試合を変えることができる。ドワイトはほとんどのビッグマンが遅かった時代に走り回ることができていた。ドワイトは身体の作りがまるでアクションフィギュアのようだったね。

色んなレベルの選手がいるけれど、実際に対戦してみるとさらにそれがよくわかる。ファンやメディアは、必ずしも選手と同じように試合が見えているわけではない。自分と同じポジションで対戦してきた相手は全員すごい選手たちだ。だからこのリーグにいる。そのすごい選手たち相手に、自分と対戦するときは大変だと思わせることが僕の仕事なんだ。僕との対戦は一筋縄ではいかないと思わせる。いつもそういうつもりでやってきた。楽できる試合じゃないぞって。それがどんな試合であろうとね。一騎打ちでトラッシュトークの応酬になるとかそういうことではないけれど、とにかく相手に楽をさせない。もし悪い試合をしてしまったら、次の試合ではもっとハードにプレイをする。いつもそうしてきた。

シカゴではチームのためにレブロンの勧誘を手伝った。練習があった翌日のある日、ブロンやクリス・ボッシュら、あのバナナボート（2015年に、以前から仲のいいレブロン・ジェームズ、クリス・ポール、ドウェイン・ウェイド、カーメロ・アンソニーが一緒にオフシーズンの旅行を楽しんでいた時、アンソニー以外の3人とウェイドの妻がバナナの形をしたボートに乗っている写真が出回ったため、彼らはバナナボート仲間などと呼ばれるようになった。ただし、ローズが勧誘に協力したのは2010年のオフのこと）のメンバーがどこか一緒のチームでプレイしようとしてるという話がリーグ中で持ちきりだった。うちのGMであるガー・フォアマンがフロントオフィスの人たちと僕のところにやってきて、クリス・ボッシュ、Dーウェイド、そしてブロンのために動画を作りたいって言ってきたんだ。別に抵抗はしなかったよ。動画には参加した。きっとブロンたちも見たと思う。すると僕があまり選手の勧誘に乗り気ではないという報道が出た。ちゃんと勧誘したと反論すべきだったのか？　つまり、そういうことを言っているんだ。どっちにしたって負け戦だ。僕はチームメイトのことをリスペクトしているから、必死に勧誘しているなんて言うのは気がひける。そもそも選手がそういうことをしなければいけないのだろうか？　どうも納得がいかない。

「デリック・ローズは選手の勧誘をしたがらない」という報道を見たとき、ブルズはちゃんと僕が勧誘に参加したということを世に出すべきだったと思う。「大丈夫だ、落ち着け。彼はやることをやってくれている」ってね。

しかし、そうはしなかった。

でも僕は、周囲に何を言われようが、コートにいる間はどうだっていいと思うタイプなんだ。罪を被ろう。当時の僕は未熟で、動画に参加したことについても、僕ではなくチームが代わりに言うべきだと感じていた。でも、もしかしたらフロントもあの報道と同じように思っていたのかもしれない。僕にあれ以上のことをやって欲しいと思っていたのかもしれない。それも理解できるけれど、僕としてはやることはやっていた。

誰とプレイしていようが関係無かった。どんな状況であろうと自分の仕事をしっかりとやる。コート上で誰と一緒であろうと、自分ができるプレイをするまでだ。そういう選手を誰もが求めているものだと思っていた。誰とプレイしていようが、全力を出し切る。だから最近選手同士が同じチームで組もうとするあの流れに違和感を持っているんだ。選手たちの権利が尊重され、それぞれの家族のために決断ができるのはいいことだと思うけれど、僕はどんなメンツであろうとチームとして結果を出すというチャレンジに挑むことが好きなんだ。

ティブス時代のブルズでリーグトップの成績を残したとき、僕らはまさにそう感じていた。選手としての僕の仕事は、毎年いかに上達したかを見せることだと思っている。実際に毎年成長しているし、僕の中ではそれを見せることが真のリクルーティングなんだ。毎年自分が成長しているところを見せてやる。自分がやるべきことはやっている。それを見てどう思うかは、選手次第だ。

このフリーエージェントを獲得してくれ、もっといい選手を獲ってくれ、この選手や、あの選手を、なんて言ったことはない。僕自身が上手くならないと。自分の責任だ。でも常に誰かしらから、ブルズがフリーエージェント市場でどうすべきかという質問を受けていた。僕から「フリーエージェント市場ではこうすべきだ」なんて話したことはない。いつも聞かれる側だった。もし聞かれていなければ、話に上がることすらなかっただろう。いつものように、チームが誰かを獲得するまで待ち続けるだけだ。そしてブーズ、カイル・コーバー、CJ・ワトソン、カート・トーマスを獲得した。僕はあのチームが好きだった。

そして、ティブスがやってきた。

Chapter : 8

トム・シボドーが現れるまで、彼ほど選手に責任を持たせるコーチは見たことがなかった。とにかく彼は諦めないんだ。僕は周りからよく、リーダーならもっと喋れとか言われたけれど、この本のタイトルの通り、僕は見せることでリードしたいタイプだ。口数の少ない僕のような選手からすると、彼のような存在はありがたくて、常に気が抜けない状況を作ってくれた。逐一細かく管理されたいとは思わないけれど、彼は自分よりバスケットボールを愛しているんじゃないかと思えるほどのバスケ好きなので、リスペクトできるんだ。

そのおかげで、彼はもはや何も言わなくてもいいほどだった。朝の5時半に練習場に行くと、彼はすでにいる。「マジかよ、なんでいるんだ?」って状態だ。練習後に帰宅して「ちょっと何人か連れてシューティングしようかな」と思い立って夜の9時に行くと、彼はまだいる。次の日は試合があるのにだ。そこでまた「何をやってるんだ。練習が終わったのは7時間ぐらい前だぞ」となる。彼の存在がチームに規律をもたらしたんだ。

そして彼とはオープンな関係性を持つことができた。あらゆることについて話したよ。何でも教えてくれた。いつもバスケットボールについて話した。バスケットボールに関することなら、何も隠さずに話してくれた。すごい一年だったのを覚えている。笑顔になることが沢山あったのも覚えている。遠征に行くことをみんな楽しんでいた。あの一位だったシーズンは、今後も忘れられない、とても大切な一年だった。リーグにいて、あのようなシーズンを送っていると、どういう感じかは想像がつくと思う。どこに行ってもファンがついてきたり、そういった状況だ。チームというよりも、さながら演目のようになる。それはそれで問題なかったし、何よりもいいバスケットボールができていた。

ティブスとの一年目、うちはリーグトップとなる62勝を記録し、レギュラーシーズン中に対戦したマイアミとの三試合を全て勝利した。プレイオフでの対戦も楽しかった。いずれも最後まで分からないようなタフな接戦で、得点は80、90点台に抑えられていた。マイアミとのレギュラーシーズン初戦ではレブロンは出場しなかったが、D－ウェイドがすばらしかった。最後の二分は僕とD－ウェイドのやり合いだった。そしてカイルがビッグショットを決めてうちが勝利した。次に彼らと対戦したときは、途中まで負けていたものの、ルーがビッグショットを決めて勝利。そして3試合目は僕が終盤に何本か決めて勝利。ほらね、僕だって昔はシュートが打てたんだよ。僕たちはただ試合に勝ちたいという一心でプレイしていた。楽しい試合が沢山あった。良い方向に進んでいる感触があった。確か首の凝りか何かで一試合を欠場しただけで、問題も特に無かった。

最高に楽しんでいた。僕たちは強かっただけではなく、お互いとしっかりコミュニケーションが取れるような、いい関係性を築けていた。例えば「さっきのセット、正しい場所にいなかっただろ。あれはフロッピー（戦術名）のはずだった。次はいてくれ」といった具合だ。ジョーが僕のところに怒鳴りながら言いにくることもあれば、ルーがそうすることもあった。ジョアキムや僕だけでなく、誰でもティブスとそういう風に話すことができた。誰かが勢い余って感情的になることがあっても、問題なかった。そういう雰囲気が、チームの結束力を高めてくれた。真のチームだったんだ。

急に誰かが感情的になると、調子が狂うことがある。でもあのチームでは、そういう場面があったとしても「わかった、次のプレイはなんだ？　さっきのはもう終わったことだ。試合のあとで話し合おう」と言うことができた。冷静さを取り戻すことができたんだ。「次はこのプレイだ。彼をここでトラップする」コート上にいる以上は、ティブスはその選手たちに責任を課した。おかげで、他の誰かを相手に取り乱して揉める必要が無かったんだ。

パーティーなんかで楽しむときも、みんなと一緒だった。あのチームは、本当にみんなが一つになっていた。ロッカールームで何度か言い合いになることもあったけれど、チームにとって何が大切なのかを理解していた。そういうことが実際にどれだけあるか、ファンやメディアは気づいていない。でも、チームとしてお互いをリスペクトしていれば問題無い。ときには、ほんの些細なことで言い合いになることだってある。ジョーがプレイを止めてしまったり、忘れてしまったことにティブスが怒ったこともあった。実際、ジョーにはよくそういうところがあったんだ。プレイを止めて、代わりにもっといいプレイをやって見せたりする。結果的にはプラスだ。でもティブスは自分がコントロールしたいタイプだった。だから結果が良かったとしても、ジョーに向かって「何やってんだ！」と怒鳴ったりした。

するとジョーは「ファックユー！」と返す。

そしてティブスも「いや、お前こそファックユーだ！」と言い返す。

冗談ではなく、本当にそんな感じで言い合っていた。でも誰もそれに対して大袈裟に反応することはなかった。お互いスッキリするためにも、そうやって発散する必要があると、みんな分かっていたんだ。言い合ったあとにすぐにまた作戦会議ができるほど、二人ともプロフェッショナルだった。

当時、ＭＶＰに選出されたりと僕にとって色々といいことが起きていた理由の一つに、試合のどこかでボールがまた自分に戻ってくると分かっていたというのがある。いつでも僕は準備万端だった。うちにはキース・ボーガンズがいた。彼が二本連続で打つことは珍しく、シューターとして見られてはいなかった。でも僕は違った。キース・ボーガンズがどういう選手かとか、リーグやアナリストから彼がどう見られているのかなんてことを考えるには、僕は若すぎた。彼に向かって、「キース、君はシューターなんだから、打て！」と言ったこともあった。

僕はチームメイトを全員、そういう目で見ていた。それが誰であろうと、もしオープンな状態でボールを渡してあげることができたら、自信を持ってシュートして欲しい。だから僕のチームメイトたちはいつも自信を持って打っていたんだ。半分以上を外すことがあったとしても、自信は持っていた。それを糧に活躍していったんだ。僕にとって大きかったのは、ティブスが自由にプレイさせてくれたことだった。僕を通してオフェンスを展開してくれた。自分のスタイルを無理矢理チームに落とし込む必要が無かった。よく新しいチームへ行って「僕は誰々で、あっちのチームでは25本シュートしていた。だからこっちでもわかってるよね？」という態度の選手がいる。でも僕は違った。まずはチームメイトにショットを与えることが大事だと思っていた。

自ら求めずともボールの方からやって来る。僕はそれを信じている。そして特にタフな試合では、ボールは割とすぐにやってくるものだ。シュートするのを怖がる選手もいる。プレイオフでは、特に試合終盤にそれが見られる。「俺の方に投げないでくれ！」という選手たちもいる。なぜ僕が4本連続打ったのかって？　他に打ちたがるチームメイトがいなかったからだ。

ティブスがいたときのチームは全員いいグループだった。みんながお互いに通じ合っていた。練習ではお互いを高め合った。ただ最後の方はちょっとチームが若すぎた。もっとベテランが必要だったね。その頃には、ティブスは自分が欲しいと思う選手を獲得してもらえず怒っていて、それがチームのムードを少し崩してしまった。そしてメディアはそのことを聞きに、しょっちゅう僕のところにやってきた。でも「僕はそれとはなんの関わりもない。聞きたいことがあるなら、彼らに聞いてくれ」と断っていた。ティブスとフロントが分かり合えれば良かったんだけど、最終的にそれは叶わぬ願いとなった。

あの2010－11シーズン、僕らは優勝できると信じていた。プレイオフ最初のインディアナとのシリーズを覚えている。初めて緊張したシリーズだった。ルーキーのときに経験したボストンとのシリーズはあまり緊張しなかった。信じられないかもしれないけれど、初めてということもあって、誰からも期待されていなかったんだ。でも今度は本当の大舞台だった。うちが上位シードだった。高校や大学の重要な試合でも経験したことのないようなステージだった。

活躍はできた。でも、全ての試合前に緊張していたのをよく覚えている。ほとんどの選手がそうだと思うけれど、プレイが始まってしまえば緊張は消えるんだ。ただシーズンが終わってからシリーズが始まるまで日にちが結構あって、そのせいで余計に緊張感が高まっていた。僕がドライブを仕掛ける度にジェフ・フォスターが殺しに来たのを覚えているよ。とてもフィジカルだった。リーグがそういったことを変えようとしていた時代だった。まだフィジカルなプレイが許されていた時代だ。僕はそういうプレイが好きだった。集中力がより研ぎ澄まされるんだ。僕は相手チームを苛立たせ、もっと怒らせようとしていた。こっちも殺しにいくつもりでやっている。何をしてこようと、全プレイを喰らわせてやる。ダーティーなプレイをしてこようが、さりげなく肘打ちしてこようが関係ない。こっちの全力をぶつけてやる。

多分これは、シカゴのあの環境でプレイしてきたこと、あの殺《や》るか、殺《や》られるかのカルチャーを経験してきたことが起因しているのだと思う。こっちが先に殺らないと相手に殺られてしまう。そういうプレイをして育った。相手を打ちのめすチャンスがあるなら、それを逃してはならない。コービーがコービーたる所以だ。そしてブロンやD‐ウェイドのような選手と対戦するための準備にもなった。

僕はまだチームが成長していると感じていた。アトランタを倒し、みんなが待ち望んでいたシリーズがやってきた。シカゴ対マイアミ。良いシリーズで、一勝二敗の状態で迎えた第4戦終盤、勝利を決めるチャンスが僕に訪れた。しかしシュートは外れ、オーバータイムの末に負けてしまった。作戦通り相手を90点台前半に抑えることはできたものの、それだけでは足りなかった。

ああいったラストショットのチャンスが来たとき、僕は頭を空っぽにするように心がけている。もちろん全部決められる訳ではないのだけれど、外したものからも毎回学ぶことができると思っている。「くそ、2本打ったけど左に逸れた。じゃあなんで残り数秒だと左に逸れるんだ？」と自己分析ができる。そこから「よし、ワークアウトでドリルをするときは、最後の一本は毎回3…2…1ってカウントダウンするようにしよう」と考えることができる。実際にその瞬間が来たときに、打てる準備ができているようにね。

若いころは外したことを引きずりがちで、ラストショットを打つべきか心配することがハンディキャップになっていた。ブルズのキャリア序盤では何本も外していたから、本当に自分が打つべきなのかを迷ったことが何度かあった。だからジムでそこを練習するようにしたんだ。ショットクロックみたいにカウントダウンをする。ボールをキャッチしたら、ショットクロックだ。それを何度も繰り返した。

マイアミでの第4戦の時点では、もう打つことに慣れていた。躊躇《ちゅうちょ》は無い。外したあとに、もう一度チャンスが訪れ、相手はレブロンを僕に付けてきた。あれほどのサイズの選手が相手だと大変だけれど、前にも言った通り僕は試合を通してそれを望んでいた。でも相手はそうしてはこなかった。僕はまた外したが、すぐ忘れる必要があった。まだオーバータイムがあることを分かっていながら、外したことを考え続ける訳にはいかなかった。ただのプレイの一つだ。上手くいかなかったけれど、また次のプレイがやってくる。

今なら笑われるかもしれないし、言い訳だとか、頭がおかしいと言われるかもしれないけれど、ルー、タージ・ギブソン、ティブス、あのチームにいた誰に聞いてみても同じ答えが返ってくると思う。オメール・アシックを失ったことは大きな損失だった。彼をジョーとカート・トーマスと組み合わせたときのマイアミは苦戦していた。よりタフなプレイができるし、オメールの高さに相手はてこずっていたんだ。第三戦で彼が負傷してしまったのは大きかった。あのシーズン、それまでは全試合に出場していたのに、そこから欠場となった。また、怪我だ。周りが思っていたよりも、うちはかなり近いところにいた。そしてヒートもそれを分かっていた。僕らが他のチームのように威嚇できるような相手ではないことを分かっていたんだ。

ティブス時代に彼らと対戦した全ての試合はそんな感じだった。両者気迫に溢れ、一筋縄ではいかなかった。プレイオフがどういうものかは分かるだろう？　先に上手く対応できた方が勝利する。そして上手く対応できたのは相手の方だった。確か僕は7、8回ターンオーバーを犯してしまったのだけれど、それは僕がなんとかしなければ、と考えすぎた結果だった。競るためには自分が得点しないといけないことは分かっていた。オフェンスでアタックする気力が残らないように、ディフェンスで僕を疲れさせるというのが相手の戦略だった。

そして第5戦では、勝てると思っていたら素早い反撃を受け、そして気づけば終わっていた。勝てるという考えがよぎり、マイアミにまた戻るんだと思っていたら……二分で14点だっけ？D－ウェイドが4ポイントプレイを決めて、相手がファイナルへと勝ち進んだ。それが一番痛かった。あれだけ点差を付けていて、主導権を握っていると思っている中で、相手にいいようにやられてしまった。うちがそうするはずだったのに。

他にも学ぶことがあった。このリーグでやっていくために、試合をどうフィニッシュすべきかBJと話し合うようになったのがここからだった。試合中にこれぐらいの点差で負けていても大丈夫だ、とかね。たとえば第4クォーターで、相手に10点差をつけられていても気にしなくていい場面もある。そのことによって、相手が全く違った試合運びをするようになるからだ。そこから徐々に点差を詰めていくと、相手の動きが強張り始めて、結果的に逆転につながる。BJにそう言われたとき、彼が何を言っているのか僕にはよく分かった。そして実際に、そうやって試合に影響を与えることができたんだ。「よし、14、16点差で負けていてなかなか厳しい。まずは残り4分で8点差まで持っていこう」といった具合だ。競馬で先行して走っていた馬が疲れ始めたところを、後ろから差すようなものだ。そういう考え方でやっていけば、僕たちは試合をより上手くフィニッシュできるようになるはずだと感じていた。ただ、まだチームとしても若く、その方法が分かっていないだけだった。準備は整いつつあった。

そんな矢先の怪我だった。

Chapter : 9

そう、人生を変えることになったACLだ。2012年4月にACLをやった直後、自分にとってバスケットボールが終わってしまったと感じ、病院にいた僕はとても感情的になっていた。少なくともしばらくの間はバスケをできないことになった。あのシーズンは本当にあと少しでいけると思っていたのに、終わってしまった。今度はリハビリのことを考えなければならなかった。とても長いリハビリだ。しかも僕はリハビリが大嫌いだ。とにかく孤独で、辛いんだ。

最初の4ヶ月は膝に装具を着用しなければならず、特に最初の3ヶ月は寝るときも着けたままでいなければならなかった。寝れやしないし、寝返りだって打てない。パートナーと一緒に寝ている場合は、それにも気をつけないといけなかった。とにかく、周囲のこと全てに気をつけないといけないんだ。なりたくもないけれど、今ではエキスパートになったよ。医者にはすぐに、週に何回リハビリに通わないといけないかを確認した。そして恐れていた通り、リハビリは毎回惨めな気分になるものだった。

それでも、正しく行えば以前の自分に近づけるので、リハビリを続けた。そう信じていた。

一日の始まりはウェイトリフティングで、これは朝の8時か8時半ごろから始まる。毎日、まずは施設に向かう。マッサージベッドの上でのストレッチ、怪我で損傷した部分のマッサージ、柔軟性の計測をする。次にバイクで膝を温めてから、ランニングや負荷を与えていく。バイクは血液を循環させるためだ。トレッドミルで5分から10分ほど歩いてもいい。いずれにせよ、バイクかトレッドミルの次は減速ドリルを行い、そこから加速ドリルを行う。陸上競技のワークアウトのような感じだ。

　ＡＣＬからのリハビリで一番厳しいのが減速動作だ。どの医者もそう言うだろう。まずバランス感覚が無い。自分の関節に自信が無い。とにかく繰り返しやる必要がある。走るのは問題ない。そこがなかなか周囲に理解されないところだった。走ることはできたし、問題はそこじゃなかった。走れたとしても、筋肉をまた鍛え直して、全てを作り直さないといけないんだ。

　それまでの僕は、夏の間も散々バスケットボールをやって、そのままシーズンを迎えていた。今では、シーズン中でも朝の８時から試合が終わるまで、ひたすらリハビリだ。

　試合前にワークアウトして、終われば戻り、氷で冷やす。リカバリーをひたすらやる。毎日だ。色んな心理療法士とも話をさせられた。みんな役割は同じだ。色々と感情を吐露させて、メンタル面を確認していく作業だ。正直、怪我から回復さえできれば、メンタル面については自分自身で乗り越えられるものだと感じていた。誰かと話す必要なんてないと思っていた。健康ではないから、悲しみを感じていたんだ。健康にさえなれば、全ては解決すると思っていた。そういう時、僕は自分の殻に閉じこもりがちになる。沢山ドキュメンタリーなんかを観たりする。そしてできる限り早くワークアウトを再開させるんだ。

　夏はまずリハビリから始める。リハビリのあとにバスケットボールだ。これは一日二回やる。全ての筋肉が同じ波長やパターンで機能できていることを確認する必要がある。一部の筋肉が周りよりも弱っていると、そこを補うために他の部分が過度に使用されてしまうんだ。のちにＭＣ

Lを断裂したときがまさにそれだった。

「ああ、クソ!」って感じだったね。本当に突然のことだった。大部分は、僕の身体の作りに原因がある。僕は割とすぐ筋肉がつく体質なんだ。ポイントガードにしては大きく、力がある。膝が以前とは違うとしても、まだ速さは失っていない。自分がプレイしたいスタイルに合わせて身体のあらゆる部分が過度に補っている状態だ。多くの選手はそういう体質ではなく、それができない。しかし、できたとしても、他に色々な問題が出てくることを僕は知ったんだ。


僕の復帰時期が物議を醸した理由の一つは、アメフト選手のエイドリアン・ピーターソンのことがあったからだと思っている。彼は確か8、9ヶ月後にACLの怪我から復帰している。アメフトなのでまた色々と条件も違うだろうけれど、自然にそんなことができる人を他に知らない。だから「まじかよ、その年の内に復帰できちゃうの?」と思っていた。2013年序盤に復帰して、最後の数ヶ月はチームとワークアウトしたりシューティングをしていたのだけれど、いつものように動けなかったので、何かがおかしいというのは分かっていた。

あらゆる方面からアドバイスされるんだ。医者も結局のところ、チームの医者だ。問題ないと言ってくる。でも他の選手と話していて、怪我の話題になると「一年は休め。少なくとも一年はかかる怪我だ」と言われる。みんながそう言うんだ。僕はできるだけ早く復帰したいと思っていたけれど、身体は「もう少し待ってくれ」と言っていた。膝にはまだ少し痛みがあった。自分の身体の感覚は、こんなものではないはずだった。これでは身体がもたないと感じたから、復帰まで時間をかけたんだ。でも、メディアはそんなことは聞きたがらなかった。

僕はとにかく以前の自分を取り戻すことしか考えていなかった。初めて怪我をしたときは、何が起きたかを受け入れることがまず難しい。「いや、自分ならどうにかできるはずだ。これまでもそうしてきた」と自分に言い聞かせる。しかし実際には、ACLも僕の身体も、想像より時間がかかっていた。このころ、自分の中でずっとこの葛藤があった。できるだけ早く復帰したかったけれど、ようやく自分の身体に耳を傾けるということを学んだんだ。それまでは色々とやりすぎていて、ワークアウトもしすぎていた。どんな状況にも対応できることを自分に示したかった。言い訳をしたくなかった。いつだってワークアウトできると感じていた。これまでもそうしてきたように、その気にさえなれば、やり遂げられると思っていた。シーズン中に通常のワークアウトルーティンをやっていて、結果を出せない試合があったときなんかは、自分がやらなかった特定のワークアウトが原因だと思っていた。準備をしなかった自分が悪い。そのメンタリティでACLのリハビリに打ち込み、早期復帰するためになんでもやろうと思っていた。しかし実際は、色々とやりすぎて、自然に任せることができていなかった。

キャリアを通してもずっとそういう気持ちでやってきていた。すでにあとがないような状況で、周りから疑いの目で見られるようになってからは尚更、窮地に立たされた。それに対して「待ってくれ！　だったらもっとワークアウトするから見ててくれ」と思っていた。でも面白いのは、そんな状況でもリーグの他の選手に対して嫉妬の感情は湧かなかったことだ。周りの選手がやることをやって、僕を追い越していくのを見ても、嫉妬はしなかった。むしろ、よりハードにワークアウトすることにつながっていた。「うわあ、今年のラスはめちゃくちゃ活躍したな。僕ももっと頑張らないと。ステフは二年連続で大活躍だ！　もっともっと頑張らなきゃ」。そんな感じだった。他人の活躍に嫉妬する人間もいる。でも、それでは自分を見失ってしまう可能性があることを知っている。僕はそういったネガティブなエナジーを持ち込みたくないんだ。むしろ、生きていく上でのモチベーションに置き換えていくべきだ。

自慢していると思って欲しくないんだけれど、フーパーというのはアーティストみたいなものなんだ。ダンサーとか、ラッパーとか、画家とか、みんなが連想するようなものではない。でも、アーティストなんだ。僕たちフーパーはそう感じている。半分の状態で復帰した結果、クソみたいなパフォーマンスを見せて、ファンをがっかりさせたからと夜も眠れずに過ごすのは嫌だ。試合終盤にフリースローを外してしまったり、ファンが思わず歓声をあげるようなパフォーマンスを見せられなかったりと、そんな状態でプレイする意味があるだろうか？

もし僕が自分の未来を投げ打ってでも、膝の状態が悪いままプレイしたとしたら、周囲からはチームの期待に応えられなかったとか、プレイすること自体が自分勝手だったとか、色々と批判されるだろう。歌手は喉を痛めた状態のガラガラ声でステージに上がるだろうか？　そんなことはしないはずだ。ファンのためには最大限のパフォーマンスを見せる必要があるんだ。僕はそれができる状態ではないことを分かっていた。1年しっかりと休養しなければ、その後のキャリアは無いと思っていた。そんな中で早期復帰したとして、一体何を提供できるだろうか？　それでは意味が無いと思ったんだ。

もちろん、僕を批判する人たちは、そうは思っていなかったけどね。

ACLの怪我をしたとき、割と早い段階からその年は復帰できないということが分かった。膝の準備が全く間に合っていなかった。手術をしたのは2012年の5月。みんなが復帰には一年かかると言うように、最近でもラジョン・ロンド、ザック・ラヴィーン、ダニーロ・ガリナーリ、ジャバリ・パーカーといった選手たちも一年かそれ以上欠場している。

周囲は、手術の直後にコール医師が言ったことを都合よく忘れていた。彼は世界でも屈指の医師で、メディアに対して「12ヶ月後に彼がとても高いレベルで復帰することを期待していますが、もう少しかかるかもしれません……筋肉に対する心理的な状態や、自信などが関わってきます」と述べていた。彼は5月の時点で、12ヶ月かそれ以上かかるかもしれないと言っていたんだ。

それなのに3月、4月となって僕が出場していないことの何がおかしいんだ？　なんでそうなる？　復帰時期についてしつこく聞かれ、「神のみぞ知る」と答えたことがあった。これは、「全力を尽くしてるんだ、勘弁してくれ」という意味で言ったことだった。ところが、それさえも批判された。なんでそうなるんだ？　神だぞ？

本当のところ、選手たちがかつてのプレイを取り戻すのは、手術から二年経った頃だ。一年程で復帰しても、昔のような活躍をしていないことが多い。ザック・ラヴィーンがいい例だろう。手術から一年後のブルズでのプレイを見てみればわかる。最終的には腱炎になり、シーズンを最後までプレイすることさえもできなかった。そして翌シーズンを見てみると、すばらしい活躍をしている。

でも批評家は、9、10、11ヶ月で復帰すべきだと言っていた。それは早期復帰すぎるどころか、ちょうどプレイオフが始まる時期と重なっていた。レギュラーシーズンのバスケとは全く違うことは理解できると思う。なんでこんなことが僕の地元で起きているのだろう？　だから僕は引き下がった。貫くのは難しかった。ちゃんと動き回って、プレイをすることはできていたし、一見もう大丈夫なようにも見えた。でもリアクションでプレイするのではなく、頭で考えながらプレイしていた。考えてプレイすることができる選手は多くいるが、僕はリアクションでプレイするタイプだ。僕のプレイスタイルだと尚更、身体がまだそのリアクションに耐えることができなかった。

でも、復帰するという体《てい》でプレイする必要があった。もしあそこで「いや、今季は復帰しない」と言っていたらどうなっていたか想像がつくと思う。おそらくカワイ・レナードのサンアントニオ・スパーズとの最終シーズンみたいになっていただろう。チームは彼が怪我のふりをしていると主張し、信用しなかった。一方の彼は、復帰しようと頑張っているけれど、プレイできないと分かっていたんだ。「大丈夫そうじゃないか。なんで出ないんだ？」なんて言われていた。

シカゴでの僕を思い返して欲しい。「なんだプレイしないのか?」と問われるから、僕はコートに戻り「まだいまいち調子が戻らない」と伝えていた。現実は、膝はまだ全く準備できていなかったんだ。

リハビリ中、僕は沢山質問をした。復帰まで一年かかるかもしれないと言われた。3ヶ月は装具を着用した状態で寝なければならなかったが、その3ヶ月が終われば大丈夫だと思っていた。「リズムを取り戻して、色々やらないと」と考えていた。でもプレイオフに出場するのは難しいと分かっていた。普段通りのプレイができなければ「なんだあいつ?」ってなるだろう。そうしたらきっと、その時点でトレードされていたんじゃないかな。なんてね。

それらはもう終わったことだ。チームからはプレイできる状態だと言われた。でもそれは、僕が試合に出場できるという意味ではない。僕にはまだプレイする準備ができていないと伝えた。沢山ワークアウトした後に、膝がまだ痛むこともあった。自分がまだプレイできる状態じゃないということは分かっていた。僕はリアクションでプレイする選手だ。いつもなら反応できることに反応できていなかった。何かがまだおかしいという確信があった。それでも、プレイできるように頑張って打ち込んでいた。

メディアが練習を見にくる時は、コートでワークアウトしている風に装い、もしかしたらプレイできるかもしれないというイメージを植えつけるようにした。今日はプレイしたくないなんて一度も言ったことはない。生涯で一度もね。

それに加えて、兄のインタビューの一件もあった。術後9ヶ月、みんな僕がそろそろプレイしてもいいんじゃないかと考え始めているのとは裏腹に、僕の膝はまだ全然準備ができていなかった。そこでレジーが「なんでデリックが復帰しないといけないんだ？　フロントがプレイオフで戦力になるようなトレードをした訳でもあるまいし」と言い放った。

家族内での会話というのはみんなもそうだと思うけれど、なんでも話すものだ。でも家族に楯突く訳にはいかない。確かにその件については口にしたことがあった。ただインタビューで言う必要は無かっただろう。当時の彼は苛立っていたか？　もちろんんだ。僕があんな状態なのを目の当たりにして怒っていたので、それがインタビューで出てしまった。彼のことをよく知っている僕からすれば、彼らしい発言だったと思う。ともあれどんな状況であっても、僕は家族の味方をする。僕たちは兄弟なんだから。

一シーズン丸々欠場したのは信じられなかったが、とにかくより強くなって、膝や手術のことを思い出さないようにするためには必要なことだった。あれだけの期間バスケットボールをやらなかったのは、5、6歳のころ以来なんじゃないかな。僕はいつでも前向きだったし、本当にプレイしたいと思ってもいたけれど、やっぱり何かがしっくりこなかったんだ。周りにいくら大丈夫だと言われても、自分の中では何かがおかしいと分かっている感覚は分かるだろう？　何か感じるところがあったんだ。だから、欠場した翌シーズンの11月に、ポートランド・トレイルブレイザーズとの試合で再び膝を痛めた時は、あまり驚かなかった。

復帰した２０１３－14シーズンは、本当に多くのメディアが駆けつけた。「どんなプレイをするのだろう？　歩けるのか？」まるで檻の中に入れられて、みんなにじろじろと見られている気分だった。「脚は引きずってるか？　本当に復帰なのか？」。プレイはまずまずで、ハムストリング筋の痛みで一試合を欠場した。シュートの感覚は良かった。確か一試合でスリーを５、６本入れたこともあった。リムまで行けてもいたけれど、身体のバランスが取れていなかった。欠場している間に、僕の身体はとても強くなっていた。その間はずっと、プレイできない代わりに筋トレなど、かなりのトレーニングをしていた。ところが僕の場合、身体をあまり鍛えすぎると色々と狂ってくるんだ。バランスが取れていないと、いよいよヤバいことになる。両腰の均衡が取れていなかった。そうなると、かなり怪我のリスクが高まることを僕は学んだ。

今ではそれが分かるけれど、当時は全然知らなかった。何か、どこかがおかしいという感覚があるだけだった。それが少し怖いという気持ちもあった。でもあれだけ長期間離れていれば、そういう感覚になるのも自然なんじゃないかとも思っていた。今ほど自分の身体を理解できていなかった。両脚をハードにトレーニングし、上半身も鍛えまくっていた。完全に体重オーバーだった。少なくとも97キロ以上はあったんじゃないかな。意味もなくデカかった。でもプレイできていないと、そうなりがちなんだ。より身体を強くすれば、コンディションも良くなり、助けになるはずだと思った結果だった。

でもそれは、僕の膝にとって大きな負荷となっていた。復帰したいという一心で、やりすぎていたんだ。もっとワークアウトを抑えるべきだったけれど、もうすでにルーティンになってしまっていた。早く復帰したくてしょうがなかった。ほとんどの人もそうだと思うけれど、ルーティンは一度入ってしまうと脱するのが難しい。もうすでにどっぷりと浸かってしまっていたルーティンを変えなかったのが、他の膝の怪我につながったと思っている。

あの時のポートランドでは、とても辛い思いをした。とてもシンプルなバックカットだった。そのシーズンのベストゲームと呼べる活躍をしていた。確か第三クォーター序盤にスリーを決め、20得点目を記録したところだった。特にポートランドというタフな敵地で、チームとしてとてもいいプレイができていた。いつも何かが起きるのは、チームが勝っているときなんだよね。リングに向かってカットしただけだったんだ。すぐさま良くないことが起きたというのが分かったけれど、同時にまたプレイすることはできるということも分かっていた。

ACLをやったときのように、とにかく自分に「ACLでさえなければ」と言い聞かせた。今回はそうやって自分を慰めていた。「どんな怪我でも、ACLでさえなければ大丈夫」だと。あれだけは、もう二度と経験したくない。歩き方、走り方をまた一から習わないといけないんだ。またプレイできることは分かっていたけれど、今回も膝の怪我だったので、これまでのような瞬発力が戻るかどうかは分からなかった。考えずにプレイできるような自信を取り戻せるか不安だった。怪我にはメンタルの問題がつきまとう。僕にとってメンタル面は重要だった。「かつてのようなプレイやスピードは取り戻せるか？」というだけではない。あのリハビリをまたやらなければならないと考えるのも辛かった。また長い冬になることは間違いなかったが、またプレイできるようになれるという確信はあった。

実は全てが大きく変わったのは、アメリカ代表チームでプレイしたことがきっかけだったんだ。髪型まで変わった。旧約聖書のサムソンになる時がやってきたか？

Chapter : 10

自分の身体に鞭を打ちすぎていたことに気づいたのは、もう少しあとのことだった。

僕の身体は他の人とは違う。若い頃はただプレイすることだけを考えていた。特に僕みたいに結果を出していると、そういったことは気にしないものだ。全てが自然で正しく感じるからだ。僕の身体はすぐに筋肉が付く。僕がやったことは結果的に身体のバランスを崩し、脚が自然にアジャストする機会を奪っていた。これを学ぶのに何年もかかった。片方の脚をもう片方より鍛えて、強くしすぎていた。そして次のリハビリでは、左脚を右脚より強くしていた。片方の脚に力を付けすぎていた。常にバランスが取れていなかった。でもあんな風に膝を痛めると、これまで経験したことのないことだから、何が普通なのか分からないんだ。そして周りはそれぞれ違ったことを言ってくる。大変だよ。すべて一人で抱えながら、疑問や分からないことだらけなのに、みんなはいつプレイするのか、今までのようにプレイできるのかってことしか気にしていない。

自分の身体に適したやり方にようやく辿り着くことができたのは、アメリカ代表の一員として2014年の世界選手権に出場したときだった。「これまでとはトレーニングを変えて、ウェイトリフティングを抑え目にする。少し減量しなければ」という考えに変わった。体重が自分にとってかなり痛手となっていた。これもやはり経験しないと分からないことだった。色んな情報を伝えられて、医者でもない自分が決断しないといけない。分かりようがないよね。

2014年の夏、ニューヨークでようやく色々と見えてきたんだ。ニューヨークでは医者に通っていた。海外に行ったときにも医者に診てもらった。でもシーズンが始まるまで、なぜ僕の膝がまだ痛むのかを説明できる人は誰もいなかった。食事を少し変えて、減量を始めたことで、膝への負担は少しずつ軽減されていった。

アメリカ代表でプレイできたのは良かったし、選んでくれたマイク・シャシェフスキー（アメリカ代表男子バスケットボールチームのヘッドコーチを2006年から2016年まで務め、三度のオリンピックでチームを金メダルへと導いた。長年デューク大学男子バスケ部のヘッドコーチも務めている。愛称はコーチK）とジェリー・コランジェロ（アメリカ代表バスケットボールチームのディレクター。長きにわたってフェニックス・サンズのGMを務め、一時はサンズのオーナーでもあった）にはとても感謝している。僕がスタメンから外れたことに不満を抱いていると思った人たちがいたのは知っている。でも実際はどうでも良かった。どちらかというと気になったのは、自分が先発しないという話をコーチKとコランジェロがしていたのが漏れ聞こえてきたことだった。カイリー・アービングを先発にするという話は伝えられていなかったけれど、彼らが会話しているのが聞こえてきたんだ。

海外遠征で、僕がマッサージを受けているときだった。施術中にふたりの男性の声が聞こえてきた。海外だと壁が薄くて、なんでも聞こえてきちゃうんだ。彼らがカイリーについて、チームの未来について、チームの方向性について話しているのが聞こえてきた。開けて面白い話ではあったよ。特に僕を悪く言っている訳でもなかった。ただ、彼を先発にするローテーションがいいんじゃないかという会話だった。信じられなかったのは、それについて公で普通に会話していることだった。しかも隣の部屋の僕に丸聞こえだった。それまで何試合か僕が先発し、何試合かはカイリーが先発していた。そして彼らは「先発はカイリーがいいね」と話していたんだ。別にそれに対して怒りは何もなかったよ。チームが勝てることが最優先だ。ただ会話を聞きながら「もっとプライベートな場所で話せないの?」とは思ったね。

あとアメリカ代表にいて面白かったのは、いや面白くはないが、最近のバスケットボール界はスポンサーとのつながりが強固で、その関係性があるかないかで扱いも変わってくるということだった。だからスポンサーであるＥＳＰＮやナイキとつながっていなければならない。ブロンがそうだったようにね。ブロンがすごくないと言っている訳ではないけれど、いつもテレビで彼を見かけるのは、そういった理由もある。僕はアディダスだったから状況が違った。「悪いけど、そういうものなんだ」という感じだった。ＮＢＡにとってＥＳＰＮとナイキは重要だ。例えば僕がアメリカ代表でプレイしていた時、選手たちはナイキからｉＰａｄを支給されて、兄さんがそれを取りに行ってくれたんだ。でも「アディダスの選手にはｉＰａｄなんてないよ」と追い返されてしまった。

僕は代表の選手だった。でもアディダスだからってｉＰａｄが支給されないなんてことがあるのか?

「レジ(レジーの愛称)、ｉＰａｄ貰ってきてくれる?」と頼んだのを覚えている。でも彼らは「お前の分はない」と言ったんだ。

このゲームをやる上での政治的な一面だ。怪我をしてからはそれをよく感じるようになった。「もう引退しちゃいなよ。どうせ金はあるんでしょ」と思われている感じだ。もう僕の話題にはみんな飽きてしまったのかもしれない。そのくせに僕が何かをすると、話題に飛びついてくる。

僕自身としてはまだやれるという気持ちが強かったから、ミネソタでそれを見せるチャンスを与えてくれたティブスには感謝している。ファン層が以前と比べて少し静かになったけどね。

中国ではまだとてもファンが多いんだ。僕のせいでアディダスがかなり損したんじゃないかという話をよく聞くけれど、間違いなくもう元は取っているよ。シューズの契約を勝ち取るために僕はかなり頑張った。リーグ入りと同時にシューズの契約を手渡された訳ではない。僕のシューズは中国ではものすごく人気があって、僕は今でも中国へはよく行っている。僕のスニーカーの売り上げの多くは中国から来ているんだ。僕は黙ってることが多いけれど、売上は知っているよ。だからこそ、アディダスは売れ線である三つのスニーカーを継続している。ジェームズ・ハーデン、デイミアン・リラード、そして僕のだ。〝D Rose 9〟は僕が中国に行く直前の2018年9月にリリースされた。今アディダスとはレトロシリーズと、僕の10個目のシューズを出す話をしている（2020年にはさらに〝D Rose 11〟を発表した）。

中国では家族をとても大切にするので、それが僕と相通ずるところがあるのかもしれないと思っている。彼らは家族は僕の一部だということを知っている。実際に行ってみると、彼らの文化も同様であることを感じる。中国にいると、愛を感じるんだ。あのヴァイブスを感じることができるし、中国に行くのが大好きだ。２０１７年には沢山のファンが〝I love you, Rose（ローズ愛しているよ）〟と言っている動画を作ってくれた。すごかったよ。とても感動した。僕は恵まれていると思う。

アメリカ代表にいたとき、僕にとって多くのことが変わり始めた。本当のことを言うと、当初僕の怪我は全部不運から来ているものだと思っていた。そこで髪を伸ばし始めた。それが変化の始まりだった。

理解できない人も多いかもしれないけれど、黒人にとって、髪は僕らの全てなんだ。本当に髪が力を与えてくれる。だからまた髪を伸ばすようにしたんだ。当時経験していた苦しいことに対して、考え方を変えるべきだと思うようになった。それまでは復讐心に燃えていた。誰に何を言われたとか、書かれたとか、怒りで自分を追い詰めていた。でも本来の僕はそんな人間ではなかった。

髪をまた伸ばしたら、色々と肩の荷が下りて、ものごとがより明確に見え始めたんだ。クレイジーに聞こえるかもしれないけれど、僕にとっては事実なんだ。信じてもらえないかもしれない。でも、僕が今の風貌なのは、それが理由だ。以前よりも精神的にいい状況にあることの表れでもある。

僕のキャリアは髪型を通して追うことができると言ってもいいぐらいだ。まずは坊主のDーローズ。僕は信心深くはないけれど、聖書のサムソンの話（旧約聖書に登場するサムソンは怪力で知られていたが、その秘密は髪を切ってはならないことだった）みたいだ。黒人の髪は他とは生え方が違っていて、髪はとても大切なものなんだ。僕らはアフロを伸ばすことができる。僕らの髪は上に向かって伸びる。多くの人の髪は長くなると下に落ちていくけれど、僕らのはそのまま伸び続ける。さまざまな業務や行事、力に合わせて髪型を変える風習がある部族もいる。僕の今の髪型は、僕を完全に違う人間に変えてくれた。髪を伸ばすことで、力を得たと感じたのと同時に、より人間として成熟し、周りのことを理解し、思いやりを持てるようになった。偉大さを追い求めていると、正しくあろうとするのが難しいときがあるんだ。

髪を伸ばし始めることで、復讐心を徐々に忘れることができた。最初に怪我から復帰したとき、心を病んでいた訳ではないけれど、僕は自分らしさの代わりに、いかに周囲が間違っているかを証明しようとばかりしていた。僕らしくなかった。今は自分がどんな人間なのか理解できていると思う。自分にどれだけ才能があるのかを知っている。またすばらしい活躍ができることも分かっている。無理に何かをする必要はないだろう。当時は無理しているように感じた。無理をせず、自然に起こることを受け入れる。囚われていた昔の考え方から離れ、生まれ変わったと感じることができた。この髪型を維持すれば、自分の人生が正しい方向に進むと分かったんだ。

今の自分はいい状況にいると感じている。父親でいることが大好きなんだ。それが僕にとって一番なんだ。僕はずっと子供が欲しいと思っていて、それも若いうちから子供を持ちたいと思っていた。ＮＢＡでは子供を授かる代わりに派手な生活を送りたいと思っている選手は多い。それはそれでいいと思う。ただ僕はそうじゃないというだけだ。僕の家には昔から常に子供や赤ちゃんがいっぱいいて、母さん、兄さん、伯母や伯父のために子供の面倒を見ることが多くて、それが大好きだったんだ。

兄さんたちが子供を持つようになったとき、それぞれが他の子達とも交流することを大切にしていた。そうやって僕も育てられた。もちろん家が狭くなってしまうという大変さはあったけれど、常に遊び相手や面倒を見てくれる人がいて、自分のことを気にかけてくれる人がいた。

兄さんたちの子供を見ていたら、羨ましいという気持ちになった。自分の家族ももっと増やしたいという思うようになったんだ。僕はずっと子供が三人欲しいと思っていた。息子のＰＪも子供が大好きで、弟や妹が必要だと思っていた。だから妹のレイラが産まれて良かったよ。彼女は最高なんだ。面白くて、お節介で、いつも動き回っている。これからもずっと同じエナジーを持ち続けていそうに見える。

マイーカ・ブラックマン・リースは、ＰＪの母親だ。彼女とはいい友達で、いい付き合いができている。僕にとって大切なのは友達との関係で、みんなにも共通理解があるように心がけているんだ。二人の女性とそれぞれ子供をもうけたのは自分なので、そこは僕がしっかりと責任を持たなければならない。彼女たち同士の関係性が良好であるように気にかけなければならないのは僕自身だ。そして実際に関係は良好だ。コミュニケーションをしっかりと取り、忍耐強さと思いやりを持って接している。前の彼女に振られた訳ではない。僕が子供と彼女を置いて出て行ってしまったんだ。だから今の彼女にも「そこは理解して欲しい、彼女は傷ついている。僕が出ていったんだ。そういった感情も含んで付き合って欲しい」とお願いしなければならない。でも上手くやれているよ。

ＰＪは母親と住んでいる。でも夏にＬＡにいる時は、自分の滞在先の近くに彼女のために家を借りるようにしている。ＰＪはそこに泊まってもいいし、僕のところに来てもいい。シカゴを去ることで一番辛かったのはそれだった。彼の近くにいられないこと。だからこそ、ニューヨークやクリーブランドは良かったんだ。シカゴに近いからいつでも行けた。

マイーカとはリーグ入りしたころに出会った。彼女はシカゴ出身だけれど、出会った当時はアトランタのクラーク大学の学生だった。彼女とはシカゴで出会った。でも彼女はアトランタの学校に戻るタイミングだったんだ。そこから長い間付き合った。僕が19、20歳ぐらいのころから付き合い始めて、ＰＪが産まれたのは僕が24、5歳の時。ＰＪが産まれてからは、どちらかというと友達のような関係になっていった。簡単ではなかったし、振ったのは僕の方だった。ただお互いにとってストレスの多い関係になっていたので、友達に戻ろうということで落ち着いたんだ。実際は深い関係になる前からいい友人だった。彼女は僕の友達だと心から思っている。今の関係はとても良好だ。親権争いもしていない。信頼だけが残っている。

娘のレイラは、2018年3月4日に生まれた。母親の名前はアレイナ・アンダーソン。シカゴ出身で、共通の友達の紹介だ。僕よりも6歳ほど若い。

PJはプー・ジュニアという意味で名付けられたけれど、レイラはアレイナが名付け親だ。男の子だったら僕が、女の子だったら彼女が名前を付けると決めていたんだ。

そして2019年には、次男のロンドンが産まれた。とても恵まれているよ。

コート外でNBA選手との付き合いはあまり無い。コートを出たら完全に違う生活を送っているんだ。特に今はね。もちろん、若いころはクラブに行ったりなんかしていたけれど、それでも他のNBA選手と一緒に行くということは無かった。いい奴らだし、僕は誰とでも仲良くできる。でも、僕はああいう生活に向いていないんだ。ランダルみたいな友人や家族といたいという気持ちが常に上回る。今ではアレイナがよく一緒に帯同してくれている。

実はプレイを続けたいという気持ちが、常にあった訳ではないんだ。あのときのニューヨークやクリーブランドがそうだった。自分のことしか考えていなかったんだ。自分がやっていく為のお金はもうあった。でも僕は引退後に設立したい基金のために稼ぐ必要がある。シカゴのアフター・スクール・マターズ、ローズ奨学金基金(The Rose Scholars)、葬式費用の負担や地元のマレーパークの改修工事など、既に色々やってきた。でも引退後はもっと真剣にビジネスとして取り組んでいきたいんだ。常に恩返しを念頭に置いている。フルタイムで取り組めるようになってから関わりたいと思っているので、今はまだあまりやれていない。今はとにかくバスケットボールに集中しなければならない。でも、いずれは子供たちを助けてあげられる存在になりたいんだ。僕にとって子供たちは全てだ。与えることこそが人生だと思っている。

お金を使うときは使うけれど、僕の稼ぎは子供たちのためだ。僕の子供たちが今後ちゃんとやっていけるようにしてあげたい。信託も組んだ。お金の扱いに慣れさせるため、その辺も前もって教えるようにしている。でも、ブランド物の服を与えても息子本人はどうでもいいと思ってるところが最高なんだ。周りのみんなは、彼にすごいことなんだよって伝えているみたいなんだけれど、彼は一切気にしていないところが大好きだ。彼は普通の子供なんだ。僕らが子供のころに心配したようなことを気にせずに生きていけることが嬉しいよ。僕が家族の大好きなところは、僕みたいに物にこだわりが無いところだ。前にも書いた通り、あまり公には見せないけれど実は僕には割と物欲がある。だから彼らも僕からのプレゼントはすごい物だとわかっている。それでも「うん、素敵だね。でもターゲットに売っている25ドルのシャツもまだ欲しいけどね」って感じなんだ。

兄のレジーは、僕自身が自分の人生をコントロールできるようにしてくれた。若いころ、周りは兄が僕のことをコントロールしすぎだと怒ったりもしていた。でも僕は生まれたころからずっと同じだ。唯一変わったことは、賢くなったことだろう。だからこそ、誤解されるのはおかしかった。兄さんたちは、どんな状況やどんな話でも、僕が自分の意見をしっかりと言うことを知っている。僕は自分がどう感じているのか、自分が何をしたいのかはっきりと言う。いつだってそうしてきた。なるべく失礼のないように言うようにはしているけれど、それが僕なんだ。自分の意見を言うという意識はいつも持っている。シカゴで生き延びるためには、それを学ぶ必要があるんだ。

僕は人を信頼し、信用するようにしている。実際にやりとりすると相手がどういう人間なのか分かるんだ。今のファイナンシャル・アドバイザーに会った時は、彼女とすぐに意気投合した。今では伯母みたいな存在だ。民間銀行を探すときにも彼女に相談した。僕は自分のお金を自分の信託財産にしか投資していない。3年オプションだったり5年オプションだったり、多少のリスクはあるけれど、基本的には堅実な投資方法だ。

最初の頃は銀行員が同席するファイナンシャル・ミーティングにも行くように彼女に言われていた。当時は株式や債券について何も知識がなかったんだ。色々と読んだり、動画を見たり、三時間のミーティングに参加して沢山勉強した。色んな人の話を聞いた。そしてより稼ぐようになったときに、自分が払わなければいけない税金の額に正直怒りを感じたよ。生命保険に加入したり、遺言書を残したり、分散投資のために色々な手法を駆使することに興味を持つようになったのもそれが理由だ。万が一僕に何かがあったときに、ちゃんと直接子供たちに僕の資産が渡るようにしておいてあげたいんだ。

知らない人との投資や、不動産など自分があまり詳しくないリスクのある投資はしていない。

それは僕の投資スタイルじゃないんだ。いつかはやろうと思っているけれど、いざ本格的に投資するときは、マジック・ジョンソンのようなことをしたい。彼は人の人生に影響することをやっている。僕はお金を稼ぎたいだけではない。誰かの人生を変えて、コミュニティにも影響のあるようなことをやりたいんだ。まだそういうことはあまりできていない。何かを始めたり、何かに自分の名前を冠することなんていくらでもできる。でもまだやりたくないんだ。だからまだ財団も立ち上げていない。やるからには、スーツでも着て「デリック、これが今日のスケジュールだ。今日は子供たちのためにこれをやる」「よし、ではしっかりとやっていこう」という感じで取り組みたいんだ。現場で自ら関わって、何が起きているか、何ができるのかを見極めながらやっていきたい。

僕は何かを変えたいと思っている。まずは施設を持ちたい。希望するなら家族もそこで働いていいし、みんなの子供たちがそこに行けるといい。ボーイズ&ガールズ・クラブ（全米各地に支部があり、子供たちに放課後プログラム等を提供している）ではないけれど、何かしらそういった施設が欲しい。近所の子供たちのために何かしたければ、その時間に施設を使えるようにしてあげればいいんだ。例えば9時から12時までバスケリーグが行われているとしよう。12時から13時までは子供達が体育館を使えるようにする。そうすれば特定の時間に自分たちがコートを使えるというのがわかる。それを一日二回ほどやって、体育館を好きに使える体験をさせてあげるんだ。

夏にＬＡにいるのが好きな理由の一つは、マジックと話ができるからだ。ビルや不動産のオーナーとつなげてもらったり、彼がどんな風に活動しているのかを教えてもらうんだ。映画館だったり、マジックの子供たちとの関わり方に注目して欲しい。僕は映画館が大好きで、彼の映画館にも何度も行った（マジック・ジョンソンは１９９０年代に、主に黒人が多く十分な施設がないような地域を中心にマジック・ジョンソン・シアターという最先端の大型シネコンのチェーンを展開し、地域の経済に貢献した。なお、現在では名前はそのままだがマジック本人は関わっていない）。

僕はいつも人の面倒を見るようにしている。そうやって育ったからだ。僕の家や近所では、生き延びていくためにはお互いを支え合わないといけない。いつも「お金は正しく使おう。貯金は使わず、入ってくるお金を使う。最初にあったものは触らない」と言っているんだ。銀行口座に並ぶ数字を見ると謙虚な気持ちになる。いずれにせよ僕はシンプルな生活を送っているけどね。

僕は食事もシンプルだ。魚やステーキは食べない。食べるのはターキーとチキンだけ。母さんは料理が好きで、小さいころはいつもご飯を作ってくれた。当時は沢山食べていたけれど、今ステーキを食べなくなった理由の一つがそれかもしれない。若いころに買って食べるステーキなんて、質はどうだろう？　いつも角の店でステーキと思われるものを買っていた。だからどれだけ固い肉なのか想像がつくと思う。あの食感が、僕をステーキ嫌いにしたのだと思う。良質な肉とは言い難いものだったからね。試合当日は、必ずパスタやサンドイッチを食べた。昔はサブウェイのサンドイッチが大好きで、あとはパスタとチキンかポテトを試合前に食べれば万全だった。完食はせず、半分ほど食べていた。試合後はたまに外食することもあったけれど、ほとんどの場合は家に帰って友達と試合について話し合っていた。

アレイナとは、遠征中は外食するようにしている。僕はイタリアンと中華が好きだ。ニューヨーク、マイアミ、LA、ボストン、ニューオーリンズ、トロントなんかの大都市にいる時は大体一緒に出かけているね。遠征中はよく映画を一人で観に行くこともある。アレイナはホラー映画が嫌いなんだ。だからホラー映画を観に行く時は大体一人だ。僕は大好きなんだ。でもレストランとなると話は別だ。誰かと一緒に行きたい。人と一緒に食べるのが好きだから、誰もいない時は自分の部屋に残って一人で食べている。映画でも観て、ホテルに戻る。あまり変装する必要もないんだ。僕は2メートルもなく、割と平均的な身長だ。だから帽子をかぶって外に出れば紛れることができる。下を向いて歩くだけだ。

リーグで遠征中は、大きな舞台でプレイするのが大好きだ。例えばレブロンのいるレイカーズ。対戦するのが待ち遠しかった。シカゴの野外コートで、叫んだり野次を飛ばす人たちに大勢囲まれながらプレイしていたのを思い出す。観衆をワッと言わせるのが好きなんだ。バスケのプレイに観衆が反応するのを見ると、試合で何が起きているのか理解しているということが伝わってくる。とてもシンプルなプレイかもしれないけれど「やべえ、今のはいいパスだった!」とか聞こえてきたりね。そういう場所でプレイするのが大好きなんだ。

例えばフィリー（フィラデルフィア）なんかもそうだ。あそこは色んな野次が飛んでくる。「SATを受けなかった」って書いてあるサインボードを掲げてる奴もいたな。よく試合中にサインボードを書いて掲げている奴いるでしょ？　彼も何か急いで書いているのが見えて、僕に爆笑しながら見せてきたんだ。そういうのもリスペクトするよ。僕も笑っちゃったよ。そういうのが好きなんだ。だからフィリーでプレイする時はいつも僕は活躍していた。ボストンもそうだね。シューターにいいアリーナだ。レイカーズのステイプルズ・センターも最高。フェニックスとゴールデンステイトも好きだ。

フィリーやボストンにいると「お前はゴミだ」なんて叫んでくる人もいる。でもそれをモチベーションに変えるんだ。「よし、今日はそういう感じね？　じゃあ観てろよ。今から得点してやる。それでもまだそんなことを言っていられるか勝負だ」とね。野次も楽しむんだ。ファンにとってもそういう体験はいいと思っている。コート外の僕は違うけれど、コート上だと別人になるんだ。シカゴではなんていうか知ってる？　屈しない。コート上ではごちゃごちゃ言う必要はない。何も言わなくても十分だ。見せてやるから。

ブルズにいた最後の方、僕は少しずつ身体も元に戻りつつあり、正しい方向に進み出せたように感じていた。でも何か変わり始めているというのが伝わってきた。長く誰かと付き合っているうちに、何かが少し変わってきたと感じることがあるだろう？　そして新しい人が現れるんだ。

ジミーが成長し始めたこともあって、僕はブルズとの関係に似たようなものを感じていた。ジミーも色々と求め始めていたからね。

メディアでは色々と言われたけれど、僕はジミーと仲が悪かったことは無い。チームメイトの誰とも問題があったことは無いんだ。チームメイトを持つとはそういうことだ。ジミーとは何も問題は無かった。確執や言い争いなんてまるで無かったよ。むしろ、ジミーがミネソタ・ティンバーウルブズにいたころ、トレードの話が持ち上がったときに、彼に相談されてアドバイスをしていたのは僕だったんだ。彼がどんな想いなのかよく分かったし、チームのやり方は間違っているという話もした。何度もテキストメッセージを交換したよ。チームに利用されないように、と彼に伝えていた。当時は、それまでにいたどのチームよりもチームメイトと沢山話すようにしていた。今までの僕はそういうキャラではなかったけれど、自分はもうベテランで、リーダーとしてしっかりと話さないといけないということを理解していたんだ。

周囲はいつもシカゴで僕とジミーの間に確執があるように見せたがった。僕らを敵対させておいて「あいつらはろくでなしだ」という話にしたがるんだ。勝手に火をつけて「二人の黒人がやり合うのを見てようぜ」という具合だ。

でも僕とジミーの間にはそういうものは無かった。僕がミネソタに移籍した頃には、だいぶジミーも変わっていたのは間違いないけどね。もちろんブルズでの彼が嫌な奴だったという意味ではないけれど、ミネソタでは自信のあるベテランに成長していた。トレードやキャンプはまた別の話だ。ブルズにいたころ、僕は彼に腕時計を買ってあげている。「周りがごちゃごちゃ言ってるけれど、そういう感じじゃないから」ということを見せたかったんだ。チームメイトに対して見せるような愛情だよ。1万5千ドルぐらいしたんじゃないかな。ベテランとして、チームメイトを甘やかしてやらないといけないときもあるんだ。他にも家族、友人、チームメイトなどを相手にそういうことはよくやっていた。気前良くありたいんだ。

ブルズの状況が変わり始めていたのは知っていたけれど、とにかく僕はプレイするしかなかった。2014－15シーズンの終わりにはまた手術をしたものの、プレイオフには復帰した。ミルウォーキー・バックスを倒したけれど、僕のターンオーバーからジェリド・ベイレスに抜かれて負けてしまった試合があった。あれは僕の責任だった。そのシリーズに勝って、次はまたブロンとの対戦だった。第3戦で僕があのショットを決めて、シリーズも勝てると思った。バンクはコールしなかった気がする（ボードに当てて決めることをバンクショットと呼ぶ。アメリカのストリートコートでは意図的にボードを使ったことを示すために、バンクショットを打つ前に「バンク」とコール【宣言】する習慣がある）。しかし今度は第4戦でブロンがブザービーターを決め、勝ち切ることができなかった。でも本当はあのショットで負けるような展開になるはずではなかったんだ。ほぼうちの勝ちが決まっていたところから、レフリーが見ていなくて、もしかしたら見ていたのかもしれないけれど、それが大きな痛手となった。またブロンへの敗戦だ。でも少し首をかしげざるを得ない。

あの第3戦のショットはクールだった。あれを決めた時はリアクションがあったね。僕らはまだここにいるぞってことを見せることができた。分かって欲しいのは、僕らは彼ら相手にもう何年も戦い続けてきたということだ。レギュラーシーズンでの成績でうちの方が上でも、いつもプレイオフで彼らにやられていた。それの繰り返しだった。ブロンのマイアミ時代も同じだ。「まだ僕らはここで戦っている。楽な道なんて無いな」という状況だった。彼のような選手、あのようなチームと対戦するには、しぶとく戦い続けなければいけない。そしてあの第4戦だ。相手コーチのデイヴィッド・ブラットがタイムアウトを持っていないのにタイムアウトを要求したんだ。本当ならあれはテクニカルファウルで、うちが一本フリースローを打って試合が終わるはずだった。そうすれば3勝1敗だ。

もちろん僕は見たよ。すぐに気づいた。ティブスはいつもうちにどれだけタイムアウトが残っているか、相手にいくつ残っているか、ファウルをしてくるのか、どういう状況なのか、そういったことを常に教えてくれた。ティブスはいつも誰よりも準備万端だからね。ところがブラットはコートに飛び出してきて、タイムアウトを取ろうとした。レフリーの目の前で。誰が見ても明らかだった。

そしてブロンがあのショットを決めたことがダブルパンチとなった。「まじかよあのショット決めやがった!」って。リトルリーグで負けた時の子供みたいに癇癪を起こしたい気分だったよ。レフリーのせいで負けたと叫びたかったけれど、僕らはいつも、次の試合がある、そういうリーグだというスタンスだった。でも実際にブラットは思いっきりコートでタイムアウトを要求したんだ。みんなが見ていた。ブロンのショットで決まるべき試合ではなかった。

ティブスとブルズのフロントがうまくいっていないことは、みんな知っていた。でもチームとしての結束力は本当に強かったから、勝つことで全てが良くなると思っていたんだ。とにかく勝てばいい。このリーグではなんでもそうだけれど、とにかく勝てば他のことは全部無かったことにできる。フロントとの確執について、ティブスが僕らに何か言うことは一度も無かったよ。彼の個人的な体験をチームに漏らすことはまず無かった。

しかしシーズン終了後にコーチが替わり、突如としてシカゴでの僕のキャリアも終わりに近づいたように見えた。僕が望んだ訳でも、誰かがそう言った訳でもないけれど、色々と起き始めていたんだ。例えば最初の練習でタージの肘が僕の顔に入ってしまって、数ヶ月間ずっと物が二重に見えていたりとか。何かの報せの様な気がしてしまうよね。

復帰後は片眼でシュートする必要があった。冗談ではなく、本当に片眼でだ。それまでに作り上げてきたコンディショニングを失わない為にも早めに復帰をした。なんとかその状態でプレイを続けたのだけれど、それにも関わらず、そのシーズンは割と出来が良かったと思う。でも視覚を整えつつ、リムとの距離感を測ろうとしながらプレイするのは本当に大変だった。よりバンクショットを打つようにした。とにかく何かしら試してみないといけなかったんだ。

それでも批判は増えるばかりだった。僕はかなり良くなってきていると感じていた。オールスターゲーム後に膝をやるまでは確か43試合中40試合に出場して、その後もプレイオフ前に最後の4、5試合をプレイしたはずだ。フレッド・ホイバーグの最初のシーズン、僕は66試合に出場した。連戦も出場してプレイできることを見せていたけれど、それでもやはり何か雰囲気は変わっていて、色々起きていたんだ。

キャンプでタージにエルボーされたとき、歯が9本欠けてしまった。その後は片頭痛のようなものが続いた。文字を読んだり、形を見ながら視覚を取り戻すためのリハビリもやらなければならなかった。それを数ヶ月間続けた。

ある意味あれが一番嫌な怪我だったかもしれない。血圧を上げちゃいけなかったから、セックスも禁止だ。血圧が上がると、眼に影響があるらしい。興奮してはいけないと言われたんだ。映画も観られない。血圧が上がってそれが眼に届くと、後遺症が残るほどのダメージを受けてしまうから、基本的には何もせず一人で過ごすようにという指示を受けた。それが三週間から一ヶ月ほど続いた。

これは僕のストーリーだ。僕のことをそこまで知らない人がほとんどだと思うけれど、親しみを持てたり、自分と似ていると思えることもあるのではないかと思う。外から見たら問題無さそうでも、実は苦しんでいることだってある。

ジョーはこのシーズン途中で怪我をして離脱し、ジミーとフレッドの間で確執が生まれ、その後ジミーとジョーもそうなった。負けが込み始めて状況が悪化していったんだ。ジミーはポイントガードをプレイしたがった。違う方向に進みたいってやつだ。僕は連戦に出られるようになっていたので状態は良かった。それは僕にとって大切なことだった。でも周りでは色々と変なことが起きていたんだ。あれがなんだったのかはよく分からないけれど、ジミーは僕らと着替えるのをやめた。あのシーズン、彼はいつもコーチたちと着替えていて、僕らのロッカールームにいることは無かった。正直言って、今までにああいうのは見たことがないよ。あんな風にチームから距離を取るなんて。そんな状態でどうやってチームとして団結すればいいんだ？　もちろん責められたのは僕だ。でもジョーはそれを見て、ジミーと喧嘩した。色々と亀裂が入り始めていた。

　プレイオフを逃しそうだったので、シーズン終盤にチームミーティングが行なわれた。それまでのブルズでは一度もそういうものが必要になったことは無かった。ミーティングではジミーとジョーが主に喋った。こういうミーティングは、すぐに内容が何かしらリークされるので僕はいつも喋らないようにしている。しかしジョーはそもそもプレイしていなかったので、チームで何が起きているか分かっていなかったんだ。僕自身も何が起きているか分かっていないような顔をして聞いていたけれど、実際はよく分かっていた。

　ジョーは、お前もチームのリーダーの一人なんだからと、僕が発言しないことに怒っていた。ただ現実は、僕のせいではなかったんだ。まず、「ジョー、君はそもそも来ていないんだから、この件について何も言えないはずだ」という気持ちがある。でもそんなことで言い合いたくはないので、彼を止めなかった。とにかく全部の意見を聞いてから、ＢＪと相談したいと思っていたんだ。するとジミーが今度はコーチングスタッフにぶち切れた。でも彼らは何も言い返さない。最終的にジミーとジョーが口論することになった。あのシーズンは色々とクレイジーだったね。

そしてシーズンが終わり、今後の行方はまだ分からなかったものの、僕は自分が次だろうということを薄々感じていた。あれだけ色々とあったシーズンで、さらにメディアからの扱いに対しても怒りがあった。シカゴを去る準備はできていただろうと思うかもしれないけれど、決してそんなことは無かった。トレードを聞いた時は、とても感情的になった。大泣きしたよ。シカゴを去ることは、ある意味死と同じようなものだった。想像したことはあった。それでも、あれだけ色々ありながらも本当にそんな日が来るなんてどこか信じていないところがあったんだ。とても辛かったよ。

全体的に見て、ブルズでの時間は最高だった。ホワイトハウスでバスケットボールをするなんていう経験までした。そんなこと想像できる？　ジョアキムと一緒に行ったから、余計に居心地が良かったんだ。オバマ大統領と色々話したりして、その場のヴァイブスに浸っていた。写真も撮ったから、これからも子供たちに見せてあげることができる。シカゴの町や、チームについて、色々と話したよ。オバマ大統領は僕らのチームについても詳しかったんだ。実際に会うまで、彼があそこまでの大ファンだということを知らなかった。でも実際に彼がチームについて話すのを聞くと、ちゃんと知っているというのが分かった。

そしてシカゴのネイビー・ピア（ミシガン湖岸にある埠頭で、シカゴ随一の観光地）で行なわれる資金集めの催しに来て欲しいと言われたんだ。彼がずっと話しているのを見ていればいいんだと思って行くと、途中でＢＪに、オバマ大統領の紹介スピーチみたいなのをお願いされるかもしれないと言われた。「ええ、そんな準備できてないよ。なんで来る時に言ってくれなかったんだろう?」と戸惑ったよ。二万人の前でプレイするのはなんてことないのに、あの舞台に立つのはめちゃくちゃ緊張したな。一生に一度の出来事だからね。でもちゃんとやり切ったよ。万が一何も言えなくなった時のために、ＢＪと親友のランダルも後ろでサポートしてくれた。

とは言え、ブルズ時代の終わりに向かうにつれて、どんどん変な感じになっていった。ブルズは、プレイオフに出られないことが確定していたシーズン最後の二試合をプレイするように、と僕に言ってきた。なんとかそこまでシーズンをやり切ったものの、まだ身体が万全だった訳でもなくリスクを取りたくなかったので、僕はブルズにミーティングを持ちかけた。

僕とレジーでブルズとその最後の二試合について話し合った。フロントのオフィスまで行って、言いたいことを全部言わせてもらったよ。それなりに言いたいことがあったから、ちょっとしたカタルシスだった。

二試合だ。あれだけ頑張って復帰して、顔面を骨折した状態でもプレイを続けた。なんで最後の二試合で嘘の怪我なんて言うと思うんだ？　そんなはずないだろう？　だからオフィスに行って、「もう嫌というほど怪我を経験してきた。たった二試合だ。そしてこの二試合に勝ったところでプレイオフに出られる訳じゃない」と伝えた。負けチームがどんな感じか分かるだろう。健康状態は問題無かったけれど、すごく良かった訳でもない。二試合のためにリスクを負うほどの価値はあるだろうか？　向こうからは「ファンのためにやれ」と言われたよ。ファンのために？ふざけんなよ。兄さんがすぐに止めに入った。「ファンのためにってどういう意味だ？　この二試合は何も意味がないんだ」。

そしてその最後の二試合、ジミーはどのポジションでプレイしたと思う？　ポイントガードだ。笑うしかなかったよね。気にはしなかったよ。意味は分かったけどね。僕も馬鹿じゃない。

そういうものなんだ。当時の僕が受けた扱いを、後にジミーはミネソタで経験することになる。僕がチームに入ってから迎えた夏、彼はウルブズからの1億1000万ドルの契約を断った。29歳で、膝の怪我持ちなのに？　相手はそういった言葉を投げかけ、こちら側がお金のことしか考えていない奴だというイメージを作ろうとする。僕は知っている。そしてジミーもそれをやられた。彼が悪者であるかのように仕立て上げられた。今では怪我でもすればまずこう持ちかけられる。「まずは支払うに値するプレイができるのか見たい」。

何かが起こり始めているのは見えていた。ブルズ内では「チームの方向性を変えなければならない」という雰囲気になっていた。

当時は完全には理解できなかったんだ。チームとの話し合いから2週間ほど経った頃にBJから「いいか聞いてくれ。ニューヨーク移籍という話がよく出てくる」と伝えられた。それからしばらく音沙汰はなかった。そして、僕がトレードされたという電話がかかってきた。

そのときが来たんだ。底が抜けてしまったような、そんな辛さがあった。当時はドキュメンタリーの撮影中で、打ちのめされたね。大泣きしてしまったんだ。嘘ではなく、本当に。何が起きているのかは分かっていた。でもこれはシカゴだった。シカゴは僕そのものであり、僕を作り上げた町だ。ちょうど撮影中のことだった。ＡＣＬの怪我で母さんと病院にいたときのような辛さだった。まだプレイできることは分かっていたけれど、何かが終わってしまったような、どんでん返しに見舞われたような気持ちだった。

最後の二試合についてのミーティングは、お互いいい状態で終えていたんだ。「すべてはコミュニケーション不足のせいだ。言ってもらえれば良かったのに」なんて、最後の方には笑ったりしていた。僕は怒鳴った訳でもない。ただ一人の大人として話し合っただけだった。まだ若いながらも、自分のために立ち上がったんだ。それができたことに誇りを持っていた。「物静かだと思われている。みんな僕のことを馬鹿だと思っているのは知っているけれど、僕は何が起きているのかちゃんと理解している」。

もしかしたら彼らはそれで怖くなったのかもしれない。この本だって、多くの人は僕が何か喋っているだけでも驚くだろう。僕がアルファベットを言うだけでも「わあ！」と驚く人さえいるだろう。僕がアルファベットを言ってるだけの動画を投稿したら、拍手が起きるんじゃないかな。でも気にはしていない。だから面白いんだ。僕のことを本当に知らないから、僕が何かを言っただけで驚かれる。

　僕は見たことを全て話した。普段あまり口には出さないかもしれないけれど、見てはいる。当時の僕は若者だった。あのビジネスライクな空間で、僕がしっかりとプロフェッショナルとして対応をするのを兄さんに見てもらえた。言うべきことは言って、自分のために立ち上がったのだから、自分の対応には満足している。それで話は無事終わったんだ。

　一部の人たちにどう思われているかは知っている。多くのバスケットボール選手が似たような扱いを受ける。僕が誰かと話すと、ちゃんと話せるというだけで驚かれるんだ。逆にびっくりするよ。「ああ、僕がただの馬鹿だと本当に思っていたんだな」って。でもだからこそ、この仕事は世界で一番の仕事だとも感じる。何かのフリをしなくていい。誰かを威嚇したり、誰かを好きなフリや嫌いなフリをしなくてもいい。幸い僕は自分らしく、自分のままでいることができる。そのままの自分でも成功することができている。とても恵まれているよ。

　トレード先はどこでも良かったのに、ニューヨークへと送り出してくれたブルズのことはリスペクトしている。最高のマーケットであるだけでなく、大都市で、すばらしいファンも多く、シカゴまでも飛行機ですぐだ。もちろんシカゴには残りたかったけれど、ブルズが最後まで僕のためにそうやって動いてくれたことがとても嬉しかった。のちにキャブズがそうしたように、ユタ・ジャズにトレードしても良かったんだ。それもあって、今でもたまに戻ってみんなに会いに行くようにしている。そこは本当にリスペクトしているんだ。別のビッグマーケットで勝つチャンスを与えてくれた。ただ、地元のために優勝するという願いは叶えることができなかった。それでも、愛しかないよ。

いつも言うように、ジェリー・ラインズドルフは僕に多くのことを教えてくれた。今まで知らなかったことや、お金の扱い方を見せてくれ、周りの人に対してどう接するのが正しいか見せてくれた。今でも彼は自分でキャデラックを運転して仕事に行っている。好きだね、そういうの。

Chapter : 11

これは僕自身が選んだ業界だ。だからあまり文句は言えない。メディアが嫌いだと言うツイートなんてしたこともない。そういうのは一切無しだ。誰かに質問されれば、正直に答える。これまでもそれが自分のやり方だった。それなのに急に「うわあ、あんなこと言うなんて信じられない！」という空気になっていた。メディアとこんな付き合いになるなんて想像もしていなかったよ。

僕以外にもメディアから似たような扱いを受けた選手はいるのだろうか。色々と嫌な思いをする奴は他にもいるだろうけれど、よりによって地元であんなことがあるだろうか？　そんな仕打ちを受けた人がいれば教えて欲しい。僕は一体何をしたって言うんだ？　誰かをボコボコにしたとか、盗みを働いたとか、誰かを傷つけた訳ではない。もしかしたら聞きたくないようなことを言ったかもしれないし、おかしいと感じるようなことを言ったことがあるかもしれないが、それはただ僕が正直に話しただけのことだ。

昔から僕はメディアとの付き合いは得意じゃなかった。僕はでたらめなことは言えない。もし嫌いな相手なら、話しかけないか、好きではないということが伝わるようにする。適当なことを言って、一緒に笑い合うなんてことはしない。小さいころから色々見てきたから、でたらめなことを言う人間にはなりたくなかったんだ。

問題は、この業界はそういう人間だらけだってことだ。では僕もそうした方がいいのか、それとも自分らしくいた方がいいのか？　自分の気持ちを伝えようとして、その結果、相手が聞きたくないような表現になってしまうこともある。でもたいてい相手はわかってくれる。悪者は僕か？　僕だけではないのは分かっている。マイアミ時代のブロンも経験したことだ。ＫＤはウォリアーズ入りした時に色々言われた。ただシカゴでこうなったのが不思議だったんだ。この町に愛され、ここから成り上がることができた地元っ子だったのに、いつの間にか悪者扱い？　出ていけ？　なんで？

もちろん、怪我が大きな要因だった。でも怪我をしたのは僕だ。これは僕のキャリアだ。病院でもう終わりかもしれないという絶望感を抱いていたのは僕自身だ。色々と考えてしまわざるを得なかった。当時の僕は24歳ぐらいか？　周囲からは僕がプレイしたがらないと思われていた。僕はプレイするために頑張っていたけれど、実際にできなかったんだ。今ではそれだけ時間がかかるということが理解されるようになったが、当時はそんなことには耳を貸したがらない人ばかりだった。

さらに、僕は考えていることを話したのに、人が聞きたくないような伝わり方になってしまったこともある。でも僕はでたらめではなく本音を正直に話しただけだった。それを受け入れられないというのか？　誰もが言っているようなことを言っただけだ。

ポートランドで怪我をして、シーズンを全休してから復帰した時もそうだった。念のため、当時実際になんて言ったか調べたよ。僕はこう話した。「しっかりと自分を管理できていると感じている。僕が欠場しているのを見ると怒る人が沢山いるのは知っている。でも僕が欠場するのは、今年だけのことを考えての判断ではないということが分かってもらえていない思う。バスケットボールのキャリアを終えてからのことも念頭に置いているんだ。卒業式に出席したり、ミーティングに行ったり。過去にやったことが原因で、身体中に痛みを抱えながらミーティングや卒業式に出席したくはない。賢い判断をしてるだけだ」。

翌年は、サラリーキャップが大幅に上昇するという話題で持ちきりだった夏を経て（サラリーキャップとは各チームが所属選手に支払うことができる年俸の上限を決める制度で、リーグ全体の収入によって毎シーズン変化する。２０１５－16シーズンには放映権の影響でサラリーキャップが前季よりも11％上昇し、その当時では最高額の７０００万ドルとなった）、沢山の選手がとんでもない契約を結んだ。そこで僕はメディアには正直に話す気持ちで「自分にとって大切なことに集中した夏だった」と伝えた。それはとにかく毎日ワークアウトして、できる限りの時間を息子と一緒に過ごすという二点に集中することだった。そしてリーグに出回っている金額を踏まえた上で、家族が経済的に安定できる状態を作っておきたかった。

僕の現役がいつか終わることを理解した上で、本音を語っていただけだった。あのお金は、僕の子供たちの将来のためのもので、そのことを考えていたんだ。あれだけの金額になってくると、唯一できることは準備することだ。自分のための準備だけでなく家族全員のだ。僕らがみんな考えていたことを口にしただけだった。経済的に問題なくても、あれだけの金額となると、みんなの注意を引くことになる。だからしっかりと準備するに越したことはない。

僕が自分を気遣ったり、自分のことを大切にしようとすると、批判する人たちがいつも出てくる。自分を大切にしているだけだ。バスケットボールやこのシステムの奴隷になるべきだとでもいうのだろうか？　自分の身体や健康を優先してはいけないのだろうか？　実際にはむしろ一番重要視しなければならないはずだ。僕は誰もが言うようなことを言っただけだった。

今となってはこう言っているけれど、若いころはその当時感じたことを言っていた。ただ行動はどうだ？　何度もプレイするためにコートに戻り、立ち上がった。メディアから逃げることもなく、誰かを盾に取って僕が見えないように、話しかけられないようにして守ってもらうこともなかった。きちんとその場にいた。自分の身体や家族のことを気にかけ、自分の息子や家族と将来時間を過ごせるように健康でいたいと話すことの何がいけないんだ？　そして信じられないことに、最近シャックが同じことをキャリアを通して感じていたと話しているのを聞いた。僕が言っていたのと同じように、子供のことを考えてだとかなんとか。僕が当時似たようなことを言ったらめちゃくちゃ叩いていたのにだ。バークリーだって昔は色々やらかして逮捕されたりしていたのに、正しい行動について何を語れるというのだろうか？　息子の大学進学について聞かれたシャックは「彼の大学の試合を観に行けるようにしたい」と話していた。同じことじゃないか？

サンアントニオ・スパーズとの最終シーズンのカワイも同じ状況だった。一体何が起きているのかわからない状況だ。彼と僕との違いは、それでもまだカワイはお金になったということだ。だからその分、守られていた。僕の場合は周りから「あいつはもう終わった」という目で見られていたんだ。わかるだろう？「あいつはもう必要ないから、評価を下げよう」って。カワイを、かなり叩いたメディアもあったものの、リーグはまだ彼で金を稼げることを分かっていたから、彼の名を汚すようなことはしなかった。僕のときは「彼は前にも怪我をしている。もう用はない」という感じだったんだ。

僕は生意気で無謀で手に負えない人間だと思われている。けれどそんなことはない。僕は息子のためだということを話していただけなんだ。僕がバスケをプレイしている大きな理由は彼のためだ。僕には父親がいなかった。母さんがその存在でいてくれた。自分にはいなかった父親として、息子のお手本でいたいんだ。彼は自分のやりたいことをやるだろうけれど、ある日きっと「父さんは正しかったんだな」と思う日がくる。きっといつか、それに気づくはずだ。

僕は有名になりたいなんて思ったことはなかった。でもBJに一度言われた通り、僕は矛盾の塊なんだ。性格は大人しいけれど、プレイスタイルは派手。歓声が湧き上がるような派手なプレイをするけれど、注目はされたくない。そういうプレイをしていると、そういう人間なんだと思われ、そうあって欲しいと思われるようになる。でも実際の僕はそうではない。有名人になりたいと思ったことはない。でも周りからはそれを求められ、自分らしくいようとすると、それを不満に思われる。「違う、お前はこうであれ！」と言われ、僕が何か言うと「いや、そんなお前は好きじゃない」と言われるんだ。

あのシーズンの始めにフリーエージェント市場について話したとき、僕は他のみんなと同じようにお金のことを考えていた。いわゆるＴＶマネーだ。夏中、ＬＡでは選手たちみんながその話をしていた。代理人からも伝えられていた。沢山の選手がＬＡにいて、聞こえてくるのはいつもその話題だった。それでどうなっているのか聞かれたから、僕は答えたんだ。同時に僕がいくら稼ぐのか探られてもいた。いい大人が他人のお金のことに首を突っ込むのか？　いい加減にして欲しいよ。ＢＪからも「もうすぐＴＶマネーが入ってくるから、そうなると全てが変わるぞ」と内情を教えてもらっていた。それについて話して当然だろう？

僕が内部情報を耳にして、それが何を意味するのかを理解することは避けることができない。僕はただ正直に話していただけだ。別に僕はチームメイトのことをなんとも思っていない訳ではない。むしろ昔からチームメイトが奨学金を手にできるように手伝ったり、リーグのためにと思って行動してきたタイプだ。僕はその先にあるものが見えていたからこそ、ハードにトレーニングをした。２０１５年は最高の夏を送った。この大金を獲得するチャンスを手に入れたんだ。

話すに決まっているじゃないか。当然だろう？　お金のことを全く気にせずにプレイしている奴なんているだろうか？　それに僕は常々、フリーエージェントとして色んなチームに行くのではなく、ブルズに残りたいと言っていた。もちろんどこに行こうと、それはどんな選手にもある権利だ。僕が目指すのは、見ている子供たちに「あのチームは何かやってくれそうだ」と思ってもらえるようにやり遂げることだ。金そのものに執着しているわけではない。お金は家族の面倒を見たり、他の人や、他の子供たちのために使うことができるからいいんだ。なのになぜ僕のことになると関係の無い人たちから、もう充分持っているだろうと言われるのだろう？　ビジネスマンや、ＩＴ系の人や、アップルの人なんかにはそんなこと言わないのに？　だから「なんで僕のお金のことに首を突っ込むんだ？」と言っているんだ。翌年リーグに２４０億ドルも入ってくるのに、知らない振りでもしろと言うのか？

お金について話すべきではないとされているのも、お金のためにバスケをしている訳ではないのも分かるけれど、選手たちはお金の話をする。僕は普通の仕事に就いている人たちとも付き合いがある。自分の職場で誰がどれだけ稼いでいるとか話さない人はいないだろう？　大企業のＣＥＯが稼ぐ額はどうだ？　彼らがそこまで稼ぐべきではないなんて話になるか？　じゃあなんでバスケットボール選手がお金を稼ぐのはいけないことになるんだ？　金額がすごいのは分かるけれど、我々だって誰かの下で働いているんだ。むしろ一般人はオーナーよりも選手の気持ちに寄り添えるはずだ。

僕はドキュメンタリーをよく見るのだけれど、昔の鉄道会社や石油会社と一緒だ。オーナーが労働者をいいように使い、一部の労働者の賃金を上げると、底辺の労働者の怒りの矛先はオーナーたちではなくその一部の労働者に向けられ、オーナーは守られたままになる。同じことだ。そこでオスカー・ロバートソン等70年代の選手たちが、フリーエージェントの権利を勝ち取るために戦ってくれた。立ち上がって問題にしなければ、オーナー陣は全てを自分たちの物にしていただろう。NBA選手が通常の組合員とは違うのはわかるけれど、僕らだって誰かの下で働き、お金の話もする。だからといって努力していなかったり、ハードにプレイしない訳ではない。ちゃんとやっている。

MVPに選出され、ロックアウト明けにブルズから初めて大きい契約を勝ち取ったとき、当時の僕はあれがどれだけ大きな契約だったのかを完全には理解していなかった。でもCBA（コレクティブ・バーゲニング・アグリーメント／労使協定）にデリック・ローズ・ルールというものが設けられたことはとても誇りに思っている。これに関しては代理人のアーン・テレムとBJに感謝だ。彼らはいつも僕と家族のように接してくれた。BJとどれだけ親しいかはもうわかったと思うけれど、アーンも今でも自分にとって家族のような存在だ。デリック・ローズ・ルールとは、選手がサラリーキャップの30％を占める契約を結ぶことを可能にしたものだ。MVPを獲得したことでそれが適用されたのが、当時は僕だけだったんだ。適用資格を手に入れた選手ものちに出てきたけれど、これは金額そのものだけの話じゃない。身を削るほど努力すれば、サラリーキャップの大きなパート、つまりビジネスの利益の一部を獲得することができるという証明になった。本来そうあるべき物なんだ。

オスカーたちは、このために戦っていたんだ。当時も彼らはクレイジーだとか強欲だとか言われたけれど、彼らは自分たちのキャリアを自らコントロールするために戦っていた。未来の僕らのために戦ってくれていたんだ。これだけ昔の選手が、今後どうなるかを見すえて戦ってくれたのはとても幸運なことだ。ローズ・ルール？　恐らく引退するまでピンとは来ないのかもしれないけれど、自分の名前のついたルールがあることはすごいことだし、とても光栄に思っている。ルーキー契約を結んだだけでもすごいことだった。あれだけの大金を手にするなんて想像したことも無かったし、さらにアディダスとの契約を手にすると不安さえ感じた。当時友達と話していて、これだけのお金が入ってくると全てが変わるぞ、と言われた。もう普通に道を歩くことができないとか、これができないとか、あれができないとか。笑いながら話していたけれど、怖かった。

でももうみんなも仕組みが分かってきただろう。当時、僕の名前は大見出しで扱われた。怪我、元MVPなんて言葉と一緒にね。「あいつはもう終わりか？」。僕の名前が含まれる話題や、僕が話すことはなんだって取り上げられた。僕が本音で話すことをメディアは喜んだ。「しめしめ」って感じでね。でも他に何ができた？　MJは話を整理させるためにアマッド・ラシャードとスペシャルインタビューをすることができた。コービーはスティーブン・A・スミスに話すことができた。レブロンはあの『スポーツ・イラストレイテッド』の記者を通して自分の本心を伝えることができた。僕のリポーターは誰だ？

僕のいたマーケットは、何について話そうと、話をねじ曲げて報道するような環境だった。なんでかは分からない。僕の地元なのに。正直に話しているだけだったんだ。今では「歳を取っても歩ける状態でいたい」と選手たちが言うのを聞く。僕が言ったときは「お前は自分のことばかりで、チームのことを考えていない。全力を投じていない」という扱いだった。リハビリを何度も重ねながらプレイしていてもだ。どうせクソみたいなことをでっち上げられるぐらいならごちゃごちゃ言ってもしょうがない。だからたまにストレートに本音を話すようにしていたんだ。

僕は徐々に口を開かなくなり、友達とだけ話すようになっていった。それは認めるよ。友人たちからは「奴らはお前を騙そうとしているぞ」と言われた。たまに何かについて意見を述べるときは「誰にもコントロールされるもんか。自分の言いたいことを言ってやる。誰かを傷つける訳でもなく、ただ正直な意見を言っているだけだ。本音を聞きたいとみんなは言うけれど、実際には違う。自分に都合のいいことを聞きたいだけだ」という意識でいた。僕にとっては公平な場ではない。とにかくバスケがしたいだけなのに、誰を信じればいいのか分からないんだ。メディアと言っても全員ではなく一部の人たちだけだというのは分かっていても、自分の名前があんな風に出てしまうのを見ると、家族に申し訳ないと感じた。

選手たちは分かっている。2018年7月に行なわれたブルズの入団会見でのジャバリ・パーカーの発言には感謝している。彼は僕がシカゴ出身者の中でも最高の選手の一人であり、それまで僕が成し遂げてきたことを誇りに思っていると言ってくれたんだ。それだけの賛辞を聞けるのは嬉しいよ。僕とメディアの関係性は他の多くの選手とは違う。言うことには気をつけなければならない。でも彼があぁ言ってくれて、他の人がそれについてコメントしているのも聞けたのは嬉しかった。

シカゴにいた当時の僕は、怪我明けということもあって、屈してなるものかという意識でいた。シカゴで育っただけに、攻撃されていると感じたら敵には屈しないつもりだった。もう質問に対して長々と答えるものか。僕は変わった。「毎日わざと嫌がらせしやがって。もうここにはいたくないという態度を取ってやる」と自分の中で決めた。僕は怒っていた。

ニックスに行くまで、自分がシカゴの人たちのお気に入り選手のはずなのになんて考えることはなかった。今となってみれば、新しい環境で、新しい人たちといられる恵まれた機会だった。問題なく受け入れることができたよ。ニューヨークのメディアももちろん質問してくるし、クレイジーな質問もあった。でもそれ以外で、シカゴのように毎日何かしら取り調べを受けたり、ありもしない何かを掘り出そうとされることもなかった。

お金のことが気になったからか？「2000万ドルも稼いでるんだ。なぜプレイしない？」ということだったのだろうか。誰も僕のことをコントロールできていないと感じ、それが気に食わなかったのかもしれない。だから特別にインタビューをやったり、チームで何が起きているのか漏らすのをやめた。

結局のところ、彼らは毎日誰かについて記事を書かないといけないメディアの人たちだ。彼らも人間だ。その中には嫉妬している人もいるかもしれないし、記事を通してその嫉妬が伝わることもある。インタビューで、いかにもあとで揚げ足を取られそうなクソみたいな質問をしてきたりもする。あからさまな奴等もいた。他の場所ではそんな経験をしたことがなかった。「マジか、そんなこと聞くなんて信じられない」とみんなが思うような質問をされることもあった。でもそれに対して誰か何か言う訳でもなく、みんな結局「なんて答えるんだろう？」と僕の回答を待つだけだった。記事をクリックしてもらうための餌なのだろう。

何が起きているかは分かっていた。でも僕はインスタグラムとかツイッターの類いをあまり積極的にやっていない。友達の様子を見たりはするけれど、それぐらいだ。あそこで誹謗中傷している人達なんてどうでも良くないか？　でも、多少なりとも自分を弁護しないといけないような状況にまでなっていた。

何かに怒っていたとすれば、それは誰も僕を守ってくれなかったことだろう。まるで一人で戦っているかのようだった。僕はこのフランチャイズの一部であり、この組織の一部なのに、チームの金儲けの元になっている選手の一人がメディアに嫌がらせを受けていることには、何も言ってくれないのか？「彼に対するこの対応は許容できない。やめてくれ」と注意をすればいいだけだ。それすらできないのか？　僕はそう思っていた。もしかしたら実際にはそういうことはできないのかもしれないが、とにかく僕は自分が一人きりだと感じていた。リーグの誰かが中傷されている場合、リーグ自体から一言あるべきだと思った。でも僕自身が声をあげれば大きな問題になりかねない。

手に負えない状況になっていた。ブルズとの最終シーズンでは顔面をぐしゃぐしゃにされ、目の下が腫れた状態でプレイしていたが、それすらも批判されたんだ。勘弁してくれよ。片目になってもボロクソ言われるのか？　今振り返ってみても、笑うしかないよね。マジか？　もしシカゴで何か偉大なことを成し遂げることができたとしても、どういう扱いになるんだろうと考えるようになった。どんな感じになるんだろう？　他人ではなく、自分自身をコントロールしないといけないんだと気づいたのはそのときだった。「この人たちは実際にどうなっているのか分かってないんだから、彼らの意見で気をおかしくちゃ駄目だ。僕が何を経験しているのかなんて分かっていないんだ」。

しばらくしてから、そういった記事に目を通すことをやめた。家族のみんなも、僕がうんざりするような話題は口にしない方がいいということを分かってくれていた。記事に何を書かれたのかなんて聞きたくない。もし偶然記事を目にするようなことがあれば、自分で対処させてくれ。

メディアが選手生活の一部なのはみんな分かっているし、メディアのおかげで注目され、リーグはそこから収入を得て、選手たちもそれで稼いでいる。それは理解できる。でもできることならばフェアであって欲しいものだ。

僕は「なんで彼らにオープンに話す必要があるんだ？　どうせ好き勝手にクソみたいな記事を書かれるだけなのに、なんでこっちから情報を与えないといけない？」と思うまでになっていた。同時に、そのせいで変わってしまっている自分も嫌だった。自分らしくなかった。でもああいうことがあると、人は変わってしまうこともあるんだと学んだ。そうなってはいけない。自分はまだ家族のためのお手本でいなければならない。子供たちのために、息子のために。周囲から不当な扱いを受けたと感じても、自分は周りと正しく接することができる、よりいい人間でなければならない。本当はそうなんだよね。今なら分かるよ。

僕にサインを求めながら、裏では悪口を言う人たちのことを思う。シャックやチャールズがTNTで僕にさっさといなくなれと言っておきながら、少しプレイが良くなるとこれまでずっと応援してきたかのように振る舞っていたことも思い出す。そして感情を内に秘め、本来の自分をひた隠しにしていた当時の自分のことを思う。僕としては、二度とそういう人間になりたくない。僕が人に伝えたいメッセージはそれだ。とにかく自分であれ。それが教訓だ。間違った方向に進んではいけない。僕が完璧な人間でないことも分かるだろうが、頑張っているということも分かると思う。そういう人でありたい。

当時の自分の態度は後悔している。間違っていた。その場の雰囲気に呑まれてしまった。シカゴのあの状況で本当はもっと大きな器を持った人間として振る舞うべきだったのに、あんな態度を取ってしまった。当時の僕は若すぎたんだ。たとえ困難でも、正しい道を選ぶべきだと学んだよ。周りにつられて自らの品格を落としてはいけない。息子に大金を残せるかもしれないけれど、こういった教訓こそ重要なんだ。僕は身をもって学んだよ。シカゴは永遠に僕の中にあり続けるし、僕自身だ。シカゴは僕のホームだ。

とても辛かったし、傷ついたことは認めるよ。でも自分が目指す場所に辿り着くには、時には痛みを伴うものなんだ。その結果僕は変わり、攻撃的になることも減った。あまり聴くタイプの音楽ではないけれど、以前フランク・シナトラのこんな言葉を目にしたことがある。彼は、最大の仕返しは成功することだと語っている。僕もそうすると決めたんだ。怒る代わりに、何も言わず、周りの方が間違っていると証明することにした。応援してくれても、批判してくれてもいい。僕としては、とにかく見せてやるだけだ。

Chapter : 12

ニューヨークのチームは特別なものになると本当に思っていた。カーメロ・アンソニーとクリスタプス・ポルジンギスがいて、ジョアキムを獲得して、ベンチにもいい選手が揃っていた。フィル・ジャクソン（元選手であり、ヘッドコーチとしてはマイケル・ジョーダンのブルズやシャックとコービーのいたレイカーズを優勝に導いた。ニックスでは球団社長を務めた）が全部を仕切っていて、ジェフ・ホーナセックもいいコーチだった。ジョーはニューヨーク出身で地元でプレイできる上に、僕もシカゴで何年も一緒にプレイしていた友人がいるので無理矢理チームに溶け込もうとする必要が無かった。

僕のフィルに対する印象は良かった。さほど会話を交わすことは無かったけれど、僕がバスケットボールをよく理解していると思ってくれているのが伝わってきた。そのたびに嬉しい気持ちになった。ポストへのパスの入れ方とか、そういう細かいことについて話し合った。どんなパスを入れるべきか聞かれ、僕は「バウンスパスではなくロブパス。ビッグマンが屈まなくて済むように」と答える。彼は僕がどういう風に試合を見ているのか分かっていて、まるで僕がコーチであるかのように話しかけてくれた。

シーズン序盤に、僕とジョーがシカゴに凱旋する試合があった。いいチーム相手にタフな試合を勝ち切ることができた、重要な試合だった。でも実際のところ、僕にとっては全試合が重要だった。シカゴを去ってニューヨークへ行き、誰もがプレイしたがるガーデン（マディソン・スクエア・ガーデン）で、すばらしいファンに大きなメディア、そういった要素が揃った重要なシーズンになると感じていた。合流する前からチームに大きな期待を抱いていた。全試合で活躍したいという意気込みを持っていた。ニューヨークは最大のマーケットだ。そこで何かを起こしてチャンスを手に入れる他ないだろう？

またとないシーズンを送るための要素が揃っていると思っていた。ところが、ふたを開けてみると実際はその真逆だった。なかなかに悲惨だったね。ただ自分の活躍自体には満足している。前年のブルズで66試合出場したのに続き、64試合に出場することができた。ブルズではあの最後の二試合には出場していない。目標としていた連戦に出場することもしっかりとできた。多くの人はまだ僕が怪我をしていると思って見ていた。でも僕は通常通りプレイできていたんだ。移籍しながらも二シーズン連続で60試合以上出場できたことで、ようやく怪我を過去の物にできたと感じた。

でもこのシーズンは、ロサンゼルスの陪審員によって不起訴となった暴行罪の裁判の影響で出遅れる形となった。

まだ上訴などが行われているので、これに関してはどこまで話していいのか分からない。少なくとも２０１８年11月にカリフォルニア控訴裁判所が口頭弁論を聞いたのは知っている。その際に、原告側の弁護士に対して裁判官が「記録を見る限り、被告人はその件に関して強力な弁護を行っており、最終的に陪審員がそれを受け入れています。この裁判は９日間かけて行われ、15分ほどで判決が出ている。そして全ての主張が棄却されている。とにかく陪審員はあなたの主張を認めなかった。完璧な裁判なんて存在しないが、問題となっているあの夜のあなた方の証拠は提出され、陪審員はそれをしっかりと確認する機会があった」と伝えたそうだ。

覚えているかもしれないが、僕は裁判に出席している。民事裁判だったとはいえ、陪審員の前に姿を現した。ちゃんと立ち向かったんだ。結果的に、自分が優先する物事にエナジーを集中させることができたという意味で、やって良かったのかもしれない。人生を変えるような出来事だ。自分の振る舞いや、物事をどう対処すべきかを考えることができた。

二度とあんな風に自分のことを色々と言われるような状況にはなりたくない。ああいった類のことで自分の名前を見るのはもうごめんだ。いくら僕が大人しく生きていても、世の中ではどんなことが起きるか、何が自分の身に起こり得るかを痛感したよ。

あの女性は真実を語っていなかった。僕は母さんとおばあちゃんに育てられた。僕がこれまで関わってきた女性の誰に聞いてくれてもいいけれど、僕が攻撃する側になることは絶対に無い。母さんとおばあちゃんのおかげで、僕は女性をとてもリスペクトしているんだ。あの母さんたちに育てられ、人としての品性を教わったからこそ、女性を弄《もてあそ》んだり支配して利用するようなことなどしない。そんな風に女性に接したことは一度も無い。

だからこんなことになるなんて想像したことも無かった。多くを学んだよ。母さんもこの事態に耐えなければならなかった。彼女は嘘だって分かっていたけどね。この件に関して特にしつこく言われることは無かった。集中すべきことに集中しなさいとだけ言われたよ。

さらに息子のことも考えなければならなかった。子供がいなければ、ここまで気にしなかっただろう。でも息子には、この件で受けた謂れのない誹謗中傷をあとあと目にして欲しくない。示談に持ち込んだり何も言わなかったら、女性をレイプするという酷い行為をしたと認める形になってしまう。僕はやっていない。

示談にしろと言う人もいたし、離れていったスポンサーもいた。問題無いさ。立ち去る人はいるだろうし、彼らにもその権利はある。責めはしないよ。彼女は証拠を一切持ち合わせていなかったけどね。全てのストーリーが嘘っぱちだった。他の女性にとっても悪影響を及ぼすだろう。冗談なんかで済む話ではないんだ。

とにかく僕はこんなことはしない。そういった過去も無い。嘘をつかれたくないからお金を払うなんておかしな話だった。それでいいのか？　だから僕は裁判に行った。酷い記事が沢山書かれることは目に見えていたけれど、隠すことは何も無かった。フェアに裁判が行われれば、心配することは無いと分かっていた。結果次第では僕の今後の契約にも影響するということも分かっていた。それでも、自分のプライドや品性のことしか考えていなかった。僕は母さん、おばあちゃん、そして兄さんに育てられた。僕の名前が汚されるのは、家族が汚されるのと同じなんだ。

とはいえ、当初僕はそこまで真剣にこの件に向き合っていなかった。裁判に関しては無知だったんだ。行ってちゃんと説明すれば、すぐに分かってもらえるだろうと思っていた。一日出廷すれば済むだろうと思ったんだ。『48時間』、『ＣＳＩ』、『ロー&オーダー』、といった類の番組を僕は見ない。ＯＪ・シンプソンの裁判（元プロアメフト選手で、引退後は俳優としても活躍していたＯＪ・シンプソンが元妻を殺害した容疑で逮捕され、その裁判は当時全米の注目の的となった）も見ていない。当時の僕は幼すぎて理解できなかった。だから全てに関して初心者だった。ただ、とにかく自分はやっていないという姿勢で戦うつもりだった。

最初この件について話をされた時は「よし、すぐ終わるだろう」と思っていた。公になる可能性すら考えていなかったので、そうなった際にはどうにか対処するしかなかった。二日ぐらいで全て終わると思っていたが、実際は二週間ほどかかった。

色々と考えるきっかけにはなったよ。裁判で何をすればいいのか知りたかった。自分のために、家族のために、息子のために戦うと決めたんだ。

この額で示談にできると持ちかけられたが「僕は何もしていない」と断った。そもそも、起訴内容にあったようなことをやっていないので、お金を払う気は全くなかった。それに「示談に落ち着けば、もっと要求される」とも感じていた。そう考えた結果、ＢＪには戦いたいと伝えたんだ。

彼には「メディアにだいぶ取り上げられることになるぞ」と言われた。法廷で争うことをやめるように説得もされた。

これは結局のところ、品性の話だ。あの母さんとおばあちゃんに育てられたんだ。おばあちゃんが近くにいて育った僕らは、女性の扱い方を学んだ。母さんはとても傷ついていた。真っ先に嘘だと見抜いていた。僕はある程度のことなら見逃すようなタイプの人間だ。でも誰にだって沸点はある。過去にも嫌疑や告訴がいくつかあったけれど、この件に関しては自分の潔白を証明することに意味があると感じたんだ。

準備は大変だった。弁護士と尋問の準備をしたときは、練習のためにまるで彼女の弁護士であるかのように質問された。馬鹿にするわけではないが、僕らの弁護士は法廷では毎回相手の弁護士を打ちのめしていた。でもメディアは、まるで彼女にもチャンスがあるかのように報じていた。毎日法廷に来ていれば、そんな印象を受けることは無かっただろう。

陪審員には、僕は何も隠すことは無いと話した。自分はドラッグも売ったことが無いような人間だ。そうなるように気をつけてきた。だからこそ戦わなければならなかった。陪審員の方々も、これが金目当てだと分かっているようだった。当初からそうだと伝えたかったので、理解してもらえて嬉しかった。

この件も相まってクレイジーなシーズンとなった。裁判に全力を注ぐため、プレシーズンは少し欠場することになった。自分のイメージ、自分の性格、とにかく自分自身と向き合わなければならなかった。ニューヨークは誘惑の多い都市だけれど、そういうことには一切手を出さなかった。僕にとっては重要なことだったので、適当にやる訳にはいかなかった。

バスケットボールの面では、フィルが言っていたことや、ジョーとメロがいるということもあって、本当に結果が出せると思っていたんだ。

でも実際にバスケをしてみたら、自分たちがクソだってことにすぐに気づいた。60数試合プレイしたけれど、このシーズンが思っていたものとは違うということはすぐに分かった。それぞれが優先していることが違いすぎた。まずメロがいる。彼のプレイスタイルはもうご存知だろう。変えられるものではない。僕は加入してからそれに気づいた。彼は本当にいい人で、一緒にいるのも楽しかった。人を嫌な気持ちにさせるようなことも無い。いい人だし、雰囲気も良く、すばらしい人間であり、すばらしいチームメイトだ。

僕はあまり喋らないけれど、フィルは気づいていた。フィルは辛抱強くいるように、と僕に言った。裁判もあったし色々と大変だろう、と気遣ってくれた。彼は僕に対して誠実だった。僕には全て正直に話してくれたと思う。僕がニューヨークにいた間ずっと、不満は無さそうにしていたけれど、彼としてはニックスに保証されていた6千万ドルが欲しかったのだろう。

フィルのことは好きだったけれど、はっきり言ってトライアングル（バスケのオフェンスシステムの名称。ヘッドコーチ時代にフィル・ジャクソンが採用していたことで知られる）をまだやる気なのには参った。まだチームに強要していたんだ。僕はスラッシャーで、ドライブするタイプのポイントガードだ。トライアングルも悪くないけれど、チームにはそれにあった人員が揃っていなかった。メロはそういうプレイスタイルではないし、受け入れようともしていなかった。

僕はシカゴを去ったこともあり、バスケに集中して何かを成し遂げたいという気持ちが強かった。シカゴをあとにし、ジョーと一緒にフィルとメロのいるニューヨーク、というのは、想像するだけでも特別な物になりそうだった。また勝利を味わう日々に戻れると思ったんだ。

大きな期待を抱いていたし、自分自身も活躍したいという思いがあった。何かがスパークしそうだという感触があったんだ。でもオフェンス面でもディフェンス面でも、チームとして流れを掴むことができなかった。ハッスルプレイやエクストラパスといった、勝つために必要なことをチームができていないように感じていた。途中で崩壊してしまうような試合が何度もあった。シーズンの出だしは悪くなく、12月の時点で勝率は5割ぐらいだったけれど、徐々に悪くなっていくのは感じていた。時間の問題だと、みんな分かっていた。

特にイーストでは、あのような才能のあるチームならある程度競い合うことができる。チームはメロのために動いていた。彼は一から建て直すような状況を求めていなかったので、チームは彼の周りにベテラン選手を欲しがった。でも彼は多くの選手とプレイができないし、自分がチームの主軸になる必要があった。本当ならトップ5のチームになれるはずだった。あれだけの才能が揃っていれば、普通に勝ててもおかしくないはずなのに、実際はハーフタイムまでに点差をつけられないよう必死だった。苛立ちはあったけれど、自分たちではコントロールできないことだった。ジョーとはいつもそれについて話し合っていた。フィルが特定のプレイスタイルを求めており、僕らはそれに従うしかなかった。他にどうすれば良い？

シーズン序盤は、フィルも特に何かを強要してくることはなかった。でも時間が経つにつれ、徐々にトライアングルへと移行していき、ほぼシーズンを通してトライアングルでプレイすることになった。チームにいた選手のことを考えると、ホーナセックはおそらくもっとアップテンポなスタイルをやりたかったのだと思う。でも新しいヘッドコーチということもあって、フロントの言うことも聞かなければならない。何か主張するのは難しいポジションだった。彼もフェニックス・サンズを首になり、リーグを渡り歩いている身だった。だからホーナセックは上から色々言われたり、ミーティングしたりするのに嫌気がさして「じゃあとりあえずやってみよう」と思ったんじゃないかな。

選手たちのやる気もだいぶ削がれたよ。試合中、どこかの時点で手に負えなくなるのが分かっていながら集中するというのはなかなか難しいものだ。試合をしながら勝利が手からこぼれ落ちていくのを感じるんだ。チーム全体が感じていた。ほぼ毎試合そうだった。

試合中に自由にプレイできることも、ときにはあった。でも試合結果がどうであろうと関係無かった。逆転勝ちをしてもフィルには「今のはなんだ?」と言われた。一度ボストン・セルティックスに勝ったときでさえ、彼はホーナセックに試合の終わり方が良くなかったと伝えた。勝った試合だ。メロが退場になったりとクレイジーな試合だったとはいえ、フィルは試合の終わり方に不満を抱いていた。このリーグにいる限り、どんな形でも勝てれば喜ぶべきなのに。

ほとんどのコーチなら、そういう勝利のあとは「よし集まれ!　いい内容とは言えないが、今夜は楽しめ。無茶はするなよ」と言うと思う。そうだろう？　このリーグでは一勝することさえ本当に大変なのだから、勝利は楽しむべきだ。コービーとトライアングルについて話したこともあった。ＭＪ時代のブルズでもみんな見ているし、機能するのは分かる。でもあの時の僕らは新しい選手、新しいコーチ、そしてメロのプレイスタイルという条件もあった。トライアングルを会得するには時間がかかる。僕らはすぐにでも結果を出す必要があったんだ。

ニューヨークで過ごした体験はすばらしかったよ。クールな場所だ。シカゴでの終盤が大変だっただけに、少し休養が必要でもあった。

２０１7年1月にチームから離脱したのも、正にそれが理由だった。とにかく家に帰らなければいけなかったんだ。

母さんと、シカゴの家に向かった。みんなも話し合うために家に集まった。家族全員が揃って、あれだけ真剣に話し合ったのは初めてのことだった。

その時、僕は引退すると決めていた。ブルズで起きたことが、ニックスでも起こりつつあるのが見えた。みんなや僕自身が想像していたようなシーズンにならないことは明らかだった。もう自分がバスケを続けたいのか分からなくなっていた。特に、これはビジネスだと感じるようになってからは尚更だった。もちろんビジネスであることは理解していた。それはみんなが言うことだ。それでも、これはバスケだ。ところがプレイする喜びは無くなり、全てはビジネスだと感じるようになっていた。そう思った時点で引退を考えた。プレイするのが楽しくなくなっていたんだ。

振り返ってみれば、裁判があったことも影響していたとは思う。いずれにせよ、バスケに対する愛情が失われつつあった。雑念も多すぎた。

もちろん、多くは自分に責任がある。チームを離れる必要は無かったのに、当時は自分だけがあんな思いをしているのだと思ってしまっていた。家族が説得してくれて、僕はチームに戻った。家族全員が揃って、みんなが泣いたり叫んだりの長い話し合いだった。大変だったけれど、みんなが僕のことを支えてくれているんだと再確認できたのは良かった。その場の意見は割れていた。みんな僕のことをよく知っているので、僕自身は自分がどうしたいか分かっているということは理解してくれていた。一方で「知ったことか！　やり切るべきだ。試合にはちゃんと出場しないと」という意見も出た。

僕はこの時、これがゲームの中のゲームなんだと気づいた。僕は適当な嘘をついてやり過ごすというゲームが得意ではなかった。前にも言った通り、僕の生い立ちや、自分の物事の見方ややり方として、でたらめを言うような人間にはならないようにしてきた。でも今の仕事では、多少なりともそのスキルが必要となる。

誰にも理解されないと思っていたけれど、母さんと兄さんたちが僕を助けてくれた。誰にでもやりたくない仕事はある。それでも、しっかりと責任を全うする必要がある。母さんたちは、その点で僕が自分勝手になっていることに気づかせてくれた。バスケットボールに対する愛を取り戻す必要があったんだ。そして僕は、ＰＪや、僕の子供たちを通してそれを見つけることができた。

人生を何度かやり通すぐらいの稼ぎは十分にあった。「こんなの糞食らえだ。不当な扱いを受けるぐらいなら、もうやめてやる」という気持ちになっていた。それが自分勝手だった。ここでやめずにしっかりとやれば、家族の将来はより安泰になり、家族以外の活動に費やす余裕を作り出すこともできるのだ。

次にぶち当たったのは「フリーエージェントになるから、また移籍すべきなのか？　残留することになるのか？」という問いだった。家族と話し合い、全てのいい点と悪い点を洗い出した。リストを作って、そこから答えを導き出した。僕は考え直し、家族に耳を傾け、彼らの身になって考える必要があった。

今でもバスケットボールのビジネス面にはモヤモヤする。バスケは大好きだ。プレイするだけで惹かれる何かがあるんだ。これまでもずっとバスケで頭がいっぱいだった。でもビジネス面では、どこか自分が利用されているように感じるところがあって、そこがなかなか受け入れ難かった。

何があろうと、母さんは僕に戦うようにと母親らしく諭して、僕が諦めないように励ましてくれるだろう。でも僕は本当に頑固で強情なんだ。最終的には、僕は自分がやりたいと思ったことをやるだろうと、みんなも理解していた。だからこそ、レジーや誰かが僕をいいように操っているなんていう話が出るたびに、家族は笑っていたんだ。みんなはそれをジョークだと分かっていたけれど、かと言って僕も決してリスペクトに欠けるやり方はしたくなかった。みんなの意見をしっかりと聞いた上で、それを自分のやりたいようにアジャストして、リスペクトのある形で答えを出したかった。

何事も、まず自分が心地よくいられるかどうかが重要だった。それにはバスケをしたいのかどうか、という問いかけも含まれていた。僕にだって、バスケットボール以外の面がある。僕は単なるバスケットボール選手ではないんだ。自分で本を書いたり、ドキュメンタリーを作りたいと思ったのもそういう想いの表れだ。自分はただのバスケットボール選手ではないんだということを、僕自身の手でみんなに見せたかった。

何かのコマーシャルで踊っているだけのような存在にはなりたくなかった。僕の名前が記事に載るときは、ビジネスの契約を結んだときであって欲しい。僕はビジネスにも関わっていて、ちゃんとお金を稼ぎ、子供たちやコミュニティの人たちを助けることができているというところを見せたいんだ。

当時の僕はかなり苛立っていて、思ったことを行動に移すのが早すぎたということに気づかされた。家族からは「今後の計画すらないじゃないか。その元になるような基盤だって築けていない。経済的には問題無いかもしれないけれど、引退後の人生へとどうやって移行していくつもりだ?」と問われた。

家族と友人が集まるその小さなグループは、僕にとって大統領の内閣みたいなものだ。そこには信頼があり、僕はそのうちの一人でしかない。誰かより特別だったり重要だったりする訳ではない。

だからこそ、その中でも付き合いが長く親しかった友人がそのころ離脱したことが、状況をより複雑にした。誰だったかは言いたくないけれど、一緒に育った仲間で、全ての始まりから一緒にいたような存在だったからとても辛かった。

僕は友人に誠実だし、それを誇りに思っているので、ああやって唐突に独立したいと言われると、自分が問題だったのではないかと思ってしまう。あれだけ親しかった相手だっただけに、胸が痛んだ。家族の一員を失ったような感覚だった。

僕はずっと、僕たち全員が一体だという気持ちでいた。自分一人だけのことではない。自分の人生とキャリアは、みんなで作り上げてきたものだと思っている。僕は自分だけがいい格好をして、周りがボロを着ているような状況を許すような人間ではない。全員が満ち足りていて、僕自身も無駄に着飾ったりはしない。これまでもずっと母の教えを守り、自分が接して欲しいように相手にも接するように尽くしてきた。

信じてもらえないかもしれないけれど、セレブになるということに関してはこれまでもずっと興味が無かった。僕がこんな性格なのも、そういうことには興味が無く、目を向けないからなんだ。僕は自分が普通だと分かっているけれど、有名人は普通じゃないと思っている人は多い。もちろん、そこからくる特権が嫌な訳ではない。僕がバスケットボール選手だからという理由で、例えば列に並ばなくてもいいと言うなら、ありがたく受け入れる。でも僕と話せば、バスケットボール以外にも何かがあるということが見えてくると思う。こいつはただのバスケットボール選手だという印象にはならないはずだ。

周囲に持たれている印象以上の存在にならなければいけないと気づいたことで、僕は地に足をつけることができている。その上で自分を見失わず、自分中心の考え方にならないように気をつけなければならない。

だからこそ、その友人に言われたことには考えさせられた。あれだけ親しい身内からそんなことを言われるとは思っていなかった。彼は僕らから距離を置いて、一人で色々と考えたいと言った。でも僕はこのグループにいながらみんなで一緒に考えることができるはずだと思っていた。正に僕自身がそうしていたんだ。でも彼は自分一人でやりたいと感じたようだった。

自分の仲間からそんなことを言われるなんて今までに経験したことが無かったので、気持ちを整理するのは大変だった。自問自答もした。そして次は誰だろうと考えてしまい、さらに自分の殻に閉じこもってしまいそうにもなった。何が起きてもおかしくないと考えるようになってしまいそうだったけれど、それでは駄目なんだ。そこに気づくことができた。彼には幸せと愛と祝福を願っていることを伝えたよ。男として、彼に必要としていることを考える時間を与え、僕もお互いがどういう状況なのかを考える必要があった。

最終的には、息子のことが決め手となった。彼には、責任を持つということを教えたい。何事にも言い訳ばかりしていてはいけない。そこで僕が言い訳をして、上手く行かないからといって逃げていたら、どうやって息子に責任を持てなんて言えるんだ？　僕にも責任というものがある。そのうちの一つは、一人の男として家族の面倒を見ることだ。自分が放棄しようとしていた年俸は、僕の息子や家族が手にするべきものだ。僕はそのお金でいくらでもいいことができるということに気づいたんだ。

そのお金を稼ぐために僕は必死にここまでやってきた。プレイを通して稼いだものだ。息子や孫の役に立てることができるのに、それを放棄するべきではなかった。一番は、息子と家族をガッカリさせたくないという思いだった。責任をもってやり遂げたということを彼には見て欲しかったんだ。

ニックスとのシーズンは、いいプレイができたと思っているけれど、終盤にまた手術が必要となった。そのころには、僕の考え方も変わっていた。ポジティブに考えられるようになっていた。ニックスの一員でいたいと思っていた。ただ、また手術をしないといけないだけだった。またリハビリに向けて準備しなければならなかった。でも今回はレイカーズやロサンゼルス・ドジャースとも仕事をしていたジュディ・セト（コービーのフィジカルセラピストとして有名）というすばらしい女性に診てもらっていたので、上手いこと乗り切れるという確信があった。

確かにあの日、家に帰るということは誰かに伝えるべきだった。でもあれは、自分がやりたいと思うことをやるという、いかにも僕らしい行動でもあった。今思うと、あの一件が僕のニックスでの立場を危うくしたのだろうということは理解できる。僕のことは信頼できないという印象になったのかもしれない。僕は家族の元に帰りたかった。僕の思いを他のニックスのフロント陣は理解してくれないだろうということを、フィルはわかっていた。フィルは僕にとってフロントの誰よりも一番やり取りのしやすい相手だった。でも今回の件に関しては、家族でさえ僕の行動を理解できなかった。だからこそ、自分でやりたいと思ったことを行動に移す必要があると感じたんだ。そして話し合った結果、復帰するというのも、自分がやりたいと思って決めたことだった。

この一連の経験をすることで、色々なことに気づくことができた。ニックスは僕に対してバード例外条項（チームにすでに所属しているフリーエージェントに対して、サラリーキャップを超えた上限額で契約することができるという条項。ラリー・バードに初めて適用されたため、こう呼ばれている）を適用することもできた。もしくは、「デリック、我々は違う方向に進もうと思っている。フランス出身の（フランク）ニリキナという選手を獲得しようかと思っているんだ。君のことはリスペクトしているけれど、違う方向に進もうと思っている」というような会話があっても良かったはずだ。僕はそれを受け入れただろう。又はサクラメント・キングスが若い選手たちの指南役としてジョージ・ヒルを獲得したような形も有りえた。キングスは彼がディアロン・フォックスの控えになることを前提に契約した。分かるよね？　彼のためを思って契約したんだ。

ニックスも似たようなことをすることはできた。僕も合意しただろう。僕があの日チームを離脱したのは、チームとは関係無い理由だった。ニックスには満足していた。でも再契約が無かったどころか、会話すらなかった。コミュニケーションは一切無しだった。ニックスのガードのポジションで平均18得点を記録したばかりなのに、「ポイントガードを指名するの？」という気持ちだけが残った。

スティーブ・ミルズ（当時のニックスのGM）は、僕らは黒人同士でブラザーだとか言ってきた。その方が親近感が湧くと思ったのだろう。自分らしくしていればいいのに。

ニューヨークは大好きだった。負けてはいたけれど、自分自身はいいプレイができていると感じていた。何かいいものを作り上げるか、少なくともそれを試みることができるのではないかとも思っていた。最終的に捨てられてしまったけれど、僕は残りたいという気持ちだった。

次に自分がどこでプレイするか分からないというのは、自分のバスケットボール人生において初めての経験となった。プレイし続けるということは分かっていたから、とにかくワークアウトし、リハビリを続け、身体をしっかりと仕上げることに集中した。再び、見せてやるという気持ちを持って。

Chapter : 13

またプレイできるかどうかについては全く心配していなかった。どこかでプレイするチャンスはあると感じていたけれど、ＢＪからはあまり多くのチームから連絡は来ていないと伝えられていた。むしろ僕の感触だと、キャブズだけだったのではないかと思う。リーグに戻る道は、そこしか無かったんだ。

当時の僕にとっては、なかなか理想のチームだった。ピッタリだと思ったんだ。以前はマックス契約の話もあったのに、今回はミニマム契約を受け入れないといけないことは分かっていた。自分がそういう状況を作ってしまったんだ。ニックスをあんな形で離脱してしまったのは僕自身だった。

２０１８年の夏にミネソタ・ティンバーウルブズと契約したときも、僕がニックスをああいった形で離脱したことが影響した。僕は信用できないと思う人が大勢いたのだと思う。二、三年ほど安定してプレイしている姿を見せない限り、あの件はずっと僕に付いて回るだろう。自分でその状況を作ってしまったけれど、自分のためにやったことだから受け入れるよ。それは気にしていない。自分以外責める相手もいない。でもあそこから、僕は成長することができた。より良い人間になるきっかけになったと思っている。それだけの価値はあった。後悔する必要なんてないよ。味噌をつけたということは分かっている。でもそこから多くを得て、頭の中もだいぶスッキリした。

ブロンとＤ－ウェイドがいるあのキャブズでプレイするのは楽しみだった。自分の役割が何であろうと、プレイオフを勝ち進めるチームで再びプレイすることができる。弱いチームでもっといい契約を貰うこともできたかもしれないけれど、弱いチームでプレイしたいという気持ちは無かった。プレイするのであれば、優勝を争えるチームがいいと決めていたんだ。

キャブズから連絡があった時、僕はすぐにでも行きたいという気持ちだった。僕はカイリー・アービングがトレードされる前に契約を結んだので、あのトレードには驚いた。「それでも僕は行くぞ。自分のプレイタイムがどれだけになるかは分からないけど」という意気込みだった。カイリーがいるチームに行くと思っていたけれど、全てが変わることになった。でもカイリーも僕と同じスラッシャーで、彼とブロンは機能していたのだし大丈夫だろう。

キャブズでプレイするのは面白かった。空気感が違った。設備も違った。最近優勝したのだということが伝わってきた。そういった環境にはこれまでいたことが無かった。施設を見ただけで分かった。チームもコーチングスタッフもすばらしく、どれも一流だった。

でもそこからは全て下り坂だった。キャンプとプレシーズンで絶好調だったのに、また怪我をして同じことの繰り返しになってしまったんだ。今度は足首だった。

シーズン二試合目のミルウォーキー・バックス戦で、跳んでいるところをグレッグ・モンローに引きずり落とされた時に負傷した。試合には勝っていた。僕はいいプレイができていて、20分ほどで12得点し、6本のフリースローを成功させ、ドライブで相手を抜けてもいた。観客やテレビの視聴者も、僕が怪我をする直前までいいプレイができていたのを見ていたはずだ。

左足で着地した際に、酷く捻ってしまった。靭帯がやられてしまい、足首にあった骨棘《こつきょく》を悪化させてしまった。一ヶ月半ぐらい走れなかった。

おそらくまた嘘をついていると思われたのだろう。「どうせあいつはただプレイしたくないだけだ」って。でも本当に走ることができなかったんだ。また「これで終わった」と思った。足首が壊れたという感じがしたんだ。しかも理由は誰も説明できなかった。ただ足首に何か変な箇所があって、再び僕は何もできない状態になってしまった。

そんなことがあったから、僕はクリーブランドを離れた。もう終わったと思ったんだ。彼女を連れて、町を後にした。息子が大丈夫なのを確認して、飛行機のチケットを手配し、誰にも言わず11月にメキシコに飛んだ。

再び僕は、何がベストの選択肢なのかを見極めようとしていた。まるで走れないけれど、ここが悪いと誰かが明確に教えてくれる訳でもない。もちろん引退しても良かったのかもしれない。でも、子供たちのことが頭をよぎった。バスケはまだ愛していた。そこは勘違いしないで欲しい。一度コートに立ってしまえば、ネガティブな感情は消える。相手と競い合えるのが、バスケのいいところだ。一日前、一年前にどう感じていたとか、そういったことは全て関係無くなる。そういうものだ。「よしこれからやり合うぞ」と切り替えることができるんだ。

ところが、これまでにも十分大変な思いをしてきたのにまた怪我をしてしまい、また誰にも信じてもらえず、またシカゴやニューヨークの時と同じ状況になってしまった。周りにはいつも金のためにやっているだけだと思われていた。

この感情を処理する時間が必要だったんだ。試合にはそもそも出られていなかったのに、チームを離れたということでまたもや大バッシングだった。ニックスの前例があるからだ。ブルズ時代には、ジョアキムがシーズン中でもプレイしていない時期はよく旅行に行っていたのを知っている。日焼けして帰ってくることさえあった。「ハワイにでも行ってたの？」。そういうのを見てきた。

ブロンがキャバリアーズに復帰した一年目にも、確かチームを離れてマイアミに戻ったことがあったのも覚えている。二週間ほどだった。でも、問題扱いをされたのは僕だけだった。

どこでおかしくなってしまったのかは、よく分からない。もちろんチームを離れたのは僕だから、そこは僕の責任だ。でも帰ってからは、コートに戻れるよう全力を投じていた。

ただ、その頃にはチームはもう別のプランを立てていた。プレイできるときは全力でやっているつもりだった。入れ込みすぎでコートから追い出されたこともあるぐらいだった。シーズンが始まる前からすでにそんな調子だった。三年連続でファイナルに出場したすばらしいチームでプレイできることに興奮していたんだ。偉大な選手とプレイすることができる。他にも多くのすばらしい選手たちがいる。全てが完璧のはずだった。

でも早い段階から僕を必要としていないと感じた。僕はのちにミネソタでティブスが与えてくれたようなチャンスを求めていただけだった。身体がようやく健康だと思えるようになり、膝の状態も良かった。むしろもう長いこと膝に集中して調整するようなこともやらずに済んでいた。

それに、繰り返しになるが、ブロンとプレイできることが楽しみだったんだ。学生時代に追いかけていたような3、4歳上の選手と直接対決できる機会を得るのは不思議な感じがするものだ。僕はブロンに苦戦を強いることができた。それと同時に、試合をコントロールする方法など、彼から学ぶことも多かった。彼は試合を通して自分のペースを保っている。若いころの彼は、もっと速いペースでプレイをしていた。今では試合を通してペース配分をしている。第4クォーターでブロン相手に10点差で勝っていても、彼は一気にスイッチを入れて、結局は楽々と勝利するなんてこともざらだ。

お互いと対戦していたころ、僕は彼を限界まで追い詰めることができたこともあった。毎回ではなかったけれど、できていたこともあった。僕は彼を偉大な選手として尊敬していた。当時はみんな、コービーこそが全てだと言っていて、ブロンはまだこれからという時代だった。彼はスター性を持ち合わせていた。僕にはそれが分かった。当時の僕は高校で三番（スモールフォワード）をやっていて、オフボールの動きがほとんどだった。僕たちのプレイスタイルは似ていた。沢山得点して試合の感覚を掴むことで試合をコントロールする。だから高校時代は彼のプレイを見て色々と勉強させてもらっていた。

僕は壁にポスターを貼ったりするような熱狂的なバスケファンではなかった。もちろん色んな選手たちのプレイスタイルなんかはリスペクトしていたし、理解することもできていた。偉大な

されている。彼はそれを使って端まで攻め込み、クイーンに変えようとしている。

僕の人生は今その段階に来ていると感じている。多くの怪我や、色々あったことで僕はクイーンという強力な駒を失った。今必死に戦っている。ボードに残されているピースは3つ。3対3だ。残されたポーンの一つが今クイーンになろうと出陣していて、それが僕に希望を与えてくれるんだ。まるで人生のようだ。それがチェスの魅力なんだ。人生のゲームと呼ばれている。問題を解決していかなければならない。毎回完璧なゲームをすることはできない。あれだけの手があるのだからそれは不可能だ。なんとか答えを見つけ出さなければならない。だからこそチェスが大好きなんだ。

一人チェスはいつもやっているよ。飛行機で一人だったら、携帯にアプリを入れてある。いつもチェスボードを持ち歩いている状態だ。チェスは僕の人生を変えてくれたんだ。大真面目だよ。戦略を理解する助けにもなった。

結局セラピストとは会ったけれど、キャブズが僕に戻ってきて欲しいと思っていないことは伝わってきた。見え見えだったよ。僕を放出するときのイメージが悪くならないよう、僕がいいプレイを見せることさえ嫌がった。インディアナ・ペイサーズに勝利した試合で、僕は15分で14点ほど獲得する活躍を見せた。その次の試合、僕の出場時間は8分だった。その次はDNP（Did Not Play）、そして次は5分。

キャブズと契約したのは、いきなりベテランとして若手のお守りを任されたり、弱いチームに行きたくなかったからだ。優勝を競えるチームに行きたかった。そしてブロンのような一流の選手がいるような所に行きたいと思っていた。

チームの新GMであるコービー・オルトマンと話したときのことを覚えているよ。一緒に食事したんだ。彼はとても興奮した様子で「私の初めての契約がDーローズだなんて信じられないよ」と言ってきた。誰かにそう言えと言われた訳じゃない。食事中に突然そう伝えられたんだ。

それ自体はリスペクトできるし、別にいいと思う。でもその当人が僕をユタ・ジャズへと放出したんだ。

もしあの時本当に興奮していて、本当に僕を欲しいと思ったのなら、少なくとも僕が当時経験していたことに耳を傾けて欲しかったし、シーズンが終わるまでは僕を残して欲しかった。あのチームの助けになれたはずだった。本当に気にかけてくれていたのなら、トレードする必要は無かった。「よし、この一年は彼を残して、様子を見てみよう。放出するかどうかの判断は、来年になってからすればいい。でもとりあえずこの一年は面倒をみよう」と言うこともできたはずだ。その二週間後にはジャズにトレードされていた。自分の保身のことしか考えていないんだ。見ていればわかることだと思う。

NBA入りしたてのころは、僕の才能がそういったことを凌駕していたので気にする必要もなかった。でも仕事をしている人は、いずれそういう経験をすることになる。いつだって新人はもてはやされるものだ。

当初はリーグがどういう風に機能しているのかあまり気にしていなかったし、理解もしていなかった。周りの人たちからは「なんでもっと周りに人を揃えないんだ？　もっと助けが必要だ！」と言われた。今のリーグは助けが必要ならいい選手を集めるという場所になっている。

道を歩けば、突然知らない人から「誰か獲得しないのか？　プレイ時間が長すぎるぞ」と言われたりした。僕はそういうことを分かっていなかったんだ。MJやマジックがやってきたことを見て、僕もそうすべきだと思いながらプレイしてきた。今思えば、もっと助けがあればよっぽど楽だったと思うよ。でもあまりそういう風に考えていなかったんだ。

キャブズにトレードされ、ジャズに契約解除されたとき、僕はクリーブランドでワークアウトしていて、もうすぐ娘が産まれるという状況だった。クリーブランドステイト大学で友人のアートと一緒にワークアウトしていた。キャブズで何が起きているのかは知らなかったけれど、なんとなく見えてはいた。僕を放出するつもりだということは分かった。ペイサーズ相手に14得点したときも、また似たようなことをされたら困ると思っているのが伝わってきた。その後の数試合はベンチで過ごすことになり、そして僕はトレードされた。

Chapter : 14

ジャズに放出されたあとどうなるかはわからなかったけれど、キャリアが終わったとは思わなかった。ウルブズでティブス、タージ、ジミーのみんなとまた一緒になったときは驚いたけどね。でもおかげで、これまで経験したさまざまなことに感謝する時間を得ることができた。ウルブズに辿り着いたとき、ようやくここがホームだと感じたんだ。

ニックスは一度もしっくりとこなかった。キャブズでもなんとかやっていこうとがんばっていたけれど、結果は同じだった。ウルブズでは、ティブスは常に正直に話してくれた。加入してから出場時間が無かった期間も、彼はその理由を説明してくれた。「このチームには上からプレイさせるべきだと言われている選手が何人かいるんだ」ということだった。自分を信頼してついてきてくれと言われた。僕は彼についていくことを選び、いい結果につながった。それも再契約したいと思った理由の一つだ。

ジミーの話も忘れてはいけない。

ティブスとウルブズのフロントの間で色々起きていたときに面白いと思ったのは、シカゴ時代は僕とジミーの間で問題があったとされていたことだ。僕たちは特段親しい訳ではなかったけれど、問題なんて無かった。そして前に言った通り、ウルブズでトレードの噂が立ち始めた頃、ジミーは僕に相談をしてきたんだ。メディアが騒いでる間、僕らは色々とメールでやりとりしていた。僕が既に経験してきたことだったからね。

さらに僕は若い選手に対するベテランという役割を持っていた。メディアとのやりとりに関わる気は無かった。ジミーには自分の意見を述べたが、一番伝えたかったのは、自分のレバレッジ（交渉などをする上で自分に有利になる物ごと）を失わないことだった。オスカーたちは、今僕らが手にしているレバレッジのために必死に戦ってくれたんだ。それをやすやすとチームに返してはいけない。

この一件は僕が他の若い選手との関係を築くことにもプラスに働いた。僕が誰に対しても愛情とリスペクトを持って対応することを見た彼らは、僕にアドバイスを求めるようになった。チームにおける僕の存在を気に入ってくれたようだった。同時に、ジミーの気持ちも理解できた。

彼のせいではないんだ。リーグのせいだ。カール・アンソニー・タウンズを悪く言いたい訳ではない。彼はクールだし、いい選手だ。でも今のリーグは、若い選手が何かを成し遂げる前から甘やかしすぎている。最初の契約が1億9000万ドルとかだ。勘弁してくれよ。そうなってくると、若い選手が気に入らないコーチやスタッフの誰かを首にするように意見を述べることも可能になる。あまりにも権力がありすぎる。21、22歳の選手だ。ちゃんとした指導もなく、金と権力だけは持っている。そしてその選手も、そのポジションに導かれたのではなく投げ込まれた状態だ。時代は変わるものだということは理解しているけれど、僕がリーグ入りしたときはこんな状況ではなかったし、そうあるべきではないと思っている。

僕は一位指名になるために、プレイで見せる必要があった。今じゃトーナメント（NCAA決勝トーナメント）で結果を出さなくたって大丈夫だ。僕は自分を証明しなければならないという思いでやっていた。ドラフト当日まで、一位指名は僕かビーズリーという議論がずっとされていた。今の子たちはトーナメントに出場すらしなくても問題ない。マーケル・フルツ？　ベン・シモンズ？　どちらもいい選手だけど、チームをトーナメントにすら導けなかった。

今のリーグは「いや、彼はもういい選手になるのが分かる。彼はマックス選手になる」という見方だ。その風潮は見ていれば分かる。でも、その子を指導している人は誰なんだ？　それは十分なのか？　いい指導を受けているのか？　僕はそう感じているし、ジミーも同じだった。今では自分にはかなりの権限があると思っている若者が沢山いるけれど、彼らが一体何をしたと言うんだ？　それが現状で、リーグにとって大きな問題だ。

ジミーは「プレイオフに導いたのは俺なのに、なんで他の奴らと先に契約したんだ？」と感じたんだ。それだけのことだった。ジミーのやり方は良くなかったけれど、彼は正しかった。だからジミーに話したよ。億万長者たちを相手にしているんだから、もっと自分を上手くコントロールしないと駄目だと伝えた。彼らはお互い毎日のように会話をしている。全て彼らの耳に入るんだ。チームから離れてしまうと相手にレバレッジが行ってしまう。自分の立場を厳しくしてしまうだけだ。

ジミーは多分僕があやって連絡をしてきたことに驚いていたと思う。死ぬほどびっくりしたんじゃないかな。ジミーはいいやつだ。彼は正しいと思うことを求めていただけなんだ。

ジミーが練習でAチームをボコボコにしたという話があるだろう？　そういうリーグになっち

ゃったんだろうな。彼は単純にハードにプレイしただけだった。メディアがこぞって取り上げたあの練習で、彼が得点したのは一回だけだ。そう、たったの一本。神に誓うよ。それの何がそんなにエキサイティングなんだ？　なのにメディアは大騒ぎだった。まるで30得点でもしたんじゃないかと思うほどだった。だからこういう報道なんかには付き合っていられないんだ。

ティブスもかなり苦しんでいた。僕らには何も言わなかったけれど、かなり重く受け止めているのは見てわかった。ジミーは僕らにとって重要な選手で、特にウェスト（ウェスタン・カンファレンス）でプレイしている以上、彼の力が必要だった。でもシーズン序盤はチームとして悪くはないと感じていた。KAT（カール・アンソニー・タウンズの愛称）もアンドリュー・ウィギンズも若かった。彼らが気迫あふれるプレイをしてくれれば、いいチームになれると僕は感じていた。だから僕の役割は、じっくりとみんなの面倒を見ることになっていったんだ。そう、この僕が。

ベテラン選手としての仕事は、みんなが居心地良くいられるようにコミュニケーションを取ることだと感じていたので、僕はこれまで以上に喋るようにした。リーグ10年目、30歳にして、今までにないほど話をした。

僕自身としては成長を続け、チームメイトのためにやるべきことをやる、ということに集中した。それはコート上でのアシストではなく、違う形のアシストかもしれない。ジミーに送ったメールの数々は、数年前なら絶対に送っていなかっただろう。自分が経験したことを通して、別の見方があることを彼に見せたかった。「僕もその道を通ってきたよ。今の君のやり方だと、彼らにファックユーと言うために自分のレバレッジを相手に渡してしまうことになる。そして僕が踏みつけられたように、君も踏みつけられることになる」。

これまでの僕のやり方は、誰にも勧めることはできない。特に財政面でまだ安泰でないなら尚更だ。彼が僕と同じ道を辿ろうとしているのが見えたので、声をかけずにはいられなかった。「君はすでに膝を一度手術している。もう29、30歳だ。すぐにクソみたいに扱われることになるぞ」。

ジミーは最終的にいいトレードを手にすることができた。この先、うまくいくことを願っているよ。

でも多くの選手にとって、うまくいかないことは多い。アイザイア・トーマスに起こっていることがいい例だ。2018-19シーズン半ばになってもまだどこでもプレイしていなかった。セルティックスのためにあれだけやったのに、キャブズからも放出され、いまだに健康状態も万全ではない。「クソみたいに扱われちゃ駄目だ。相手にレバレッジを渡しちゃ駄目だ」というのはそういうことだ。現在、僕ら選手はレバレッジを持っている。ジミーには「君には才能がある。レバレッジはいくらでもあるんだ」と伝えた。彼がいかに気迫を持って練習に臨むかも、僕は知っている。僕はジョアキムやカート・トーマスと一緒にプレイしてきた。彼らが練習で毎日どれだけイヤな奴らだったのかを見てきた。朝から晩までトラッシュトークだ。それでもいい。ただ、それと同時に賢くないといけない。

ジミーはかなり腹を立てていて、トレードされるまで聞く耳を持たない状態だった。彼にはチェスをする必要があると伝えた。チェスは何手か先のことを考える必要がある。感情的に動いてはいけない。もしかしたら、彼もチェスに人生を救われることがあるかもしれない。


シーズン開幕時はジミーの話題がそれ以外の全てのことに影を落としていたものの、僕自身の状態は良く、プレイするのが楽しみだった。シーズン序盤はスリーも決めていた。ようやくバランスを取り戻したように思えた。あの2018年の夏は、全てをうまくやれたと感じていた。ウエイトリフティングはしたけれど、やりすぎなかった。ここ3、4年の夏に比べて、かなりバスケのワークアウトを増やした。脚を犠牲にせず、力を付けていった。ここ数年はあまりプレイしていなかったので、バスケのリズムを失い始めていた。だからあの夏は、できるだけプレイするようにしたんだ。試合が始まるのが楽しみなのは毎年のことだけれど、このシーズンはかなり状態が良かった。バスケに対してここまで前向きな気持ちになれたのは、ブルズの最終シーズン、目を怪我する直前に手応えを感じて以来だった。

2018‐19シーズンは、また注目されるようなプレイができるようになると感じていた。大真面目だよ。もう一度、やり切ってやるというところまで来ていた。これを最後にやり切れば、もうあとは自分の好き勝手にできる。だからこそ、もう一度だけ自分の全力を出し切って、潔く立ち去るんだ。終わりを直視できるのは、自分でそれを選ぶことができるからであって、止むを得ずそうなったからではない。シーズンが始まる前の夏、僕はそんなことを考えていた。

あと数年プレイしたいとは思っている。あれだけのことを経験しながら、ほとんどの選手よりも長い10年というキャリアを迎えられたのは、考えてみればすごいことだ。僕は恵まれている。これでいいんだと再び感じられるようになった。ウルブズで一番の問題が若い選手に付き合わないといけないことなら、大したことじゃない。「いい加減に大人になれ」と言えば修正できることだ。何かあれば、その都度注意すればいい。それで済むことだ。他のくだらない問題に比べたらよっぽどマシだ。彼らには、それを伝えようとしている。「今置かれている状況を大切にしろ。違う場所に行ったら、状況が一変することだってあり得る。何か不満が出てきたり、GMや、もしかしたらオーナーから批判を受けることもあるかもしれない。今のこの状況を、自分たちでなんとかできることに感謝するんだ」。

そして50得点の試合。ハロウィーンの夜だった。あの夜は色々とクレイジーだったけれど、起こるべくして起こったことだと思っている。数々の理不尽を経験し、逆境を乗り越えて、自分はまだやれるんだというのを見せる、僕なりのやり方だった。自分ができることを全て見せることができれば、ああいう結果になるということだ。

あの50得点は、まさに僕のいう「見せてやる」だった。まだ自分にもできるということは分かっていた。僕はそう信じ続けていたけれど、信じてくれる人がほとんどいないのは分かっていた。

僕の友人と家族、そしてティブスぐらいだったかもしれない。

僕にとっては、あの試合展開に意味があった。あの展開だったからこそ見せてやることができたと感じたし、何より自分自身にとって大切な経験になった。あれだけの活躍をして、試合にも勝つことができたからだ。試合残り三秒で三点リードしている状況で、最後に僕がダンテ・エクサムのショットをブロックして勝利を確実なものにしたことについて話す人は少ない。僕にとって重要なのはああいうプレイなんだ。たとえ50得点しても、負けたら意味は無いだろう？　30得点しても、負けたらどうだっていい。でも50得点して（フリースローを3本外してるから、50点以上取ることだってできた）、残り13秒で2本フリースローを決めて、最後にはブロックもした。だからこそ、試合後にあれだけの感情が溢れ出たんだ。

試合残り一分で負けていたのも忘れてはいけない。僕がどれだけ得点しようと、試合に勝たなければ意味が無い。

人手不足で、ティブスとチームが僕に頼っていた中あの結果を出せたことが、自分にとっては意味のあることだった。昔に戻ったようだというよりも、あれだけ経験したあとでもまだやれるということに意味があった。僕はずっと信じていたからこそ、感極まってしまったんだ。僕はよく、復帰してまたマックス選手になると言っていた。金銭的な理由ではなく、マックスが意味することを指してそう言っていた。マックス選手になるということは、僕がそれに値するレベルに戻ってこれたということだ。

誰になんと言われようと気にせず、自分を信じ続けるのは無茶なことに聞こえるのは分かる。もちろん、自分が大切にしている人たちまで落ち込ませるようなことを言われるのは気になったよ。誰かを批判するとき、その相手以外にも影響があるということを人はあまり考えない。僕がどれだけ打ち込んできたのかを知っている人も少しはいて、彼らは僕の親友だ。彼らの存在は僕にとってとても大切なものなんだ。試合でもしあんな活躍をしたら、なんてことはよく話し合っていた。まさか本当にその機会が訪れて、30本もシュートを打つことがあるなんてね。最後に1試合で30本も打ったのはいつだろう?

今の時代、毎試合それだけのシュートを打つ選手たちは何人かいる。誰も批判するつもりはないけれど、ジャズの若い選手が同じ頃に1試合で35本打っていた。でも、なんてことはない。今はそれが普通なんだ。これは前にも言ったけれど、健康であろうがなかろうが、シュートを打たせてもらえなければ、以前のような活躍は見せようがない。僕が実際にあれだけ打つ機会を得た結果、どうなった?

とは言え、あれだけ打った理由は人手不足だったからだ。ジミーはプレイしていなかった。ジェフ・ティーグとタイアス・ジョーンズも欠場していた。好きであれだけ打とうなんて思うことは決してない。自分が得点しなければいけない状況じゃない限り、僕はこれまでもずっとチームメイト優先でプレイしてきた。あの試合の前、僕が負担を引き受けなければ、と感じていた。もちろん50得点取るぞ、なんて思ってはいなかったけれど、普段やらないようなこともやらなくてはいけないと思ったんだ。

自分がいかにハードワークをしてきて、どれほどの才能があるのかは分かっている。才能があることが分かると、こちらのやる気が削がれるような批判や悪口を言う人たちも出てくる。こちらが諦めて、ギブアップするのを待っているんだ。サイコロ賭博をしていた時、相手の調子が良かったりすると、あえてトラッシュトークをすることがあった。それでびびってやめるかもしれないと期待してのことだった。

ウルブズでは、ああいう試合のあとに嘲笑《あざわら》ったり、恨み節で「ほら見たことか」なんて思うことは無かった。例えばニックスに対しても、あの結末を恨むことだって出来たのかもしれないけれど、それは昔の、若くて馬鹿な自分のやることだった。ティブスとウルブズは僕に自分のプレイをする機会を与えてくれた。今の僕のプレイは、よりコントロールされたもので、過去の自分のプレイよりもよっぽど効率的だ。

ニックス時代のことを恨む代わりに、災いを転じて福となした、と僕は考えるようにしている。ポルジンギスとメロとプレイすることで、サードオプションとしてプレイする方法を学び、自分なりに試合に影響を与える方法を見出すことが出来た。トライアングルでサードオプションとしてプレイしながらも、平均18得点を記録したんだ。意味のあることだと思う。昔の僕なら、GMに腹を立てて、チームにいるみんなのことも良く思っていなかっただろう。でも僕はあのチームで学ぶことができた。試合の流れに乗りながら、自分なりの方法で試合に影響を与えることを学んだ。それは大きなことだ。僕は成熟し、時間をかけて成長し、一人の人間として自分を見つけようとしたんだ。

自分が頑固なことはわかっている。何かを教えてもらうために誰かに頼ったりすることもない。自分でなんでも解決できると思っている。その考え方に加えて、数々の怪我やニックスとキャブズでの出来事を経て、僕はある意味弱ってしまった。家族にとって、僕は大黒柱だ。それは理解している。頼りにしている人間が、落ち込んだり弱ったりしているのは、誰も見たくはないはずだ。

だから常にみんなのために自分が強くないといけないと思い、平静を装って強がっていた。でも僕が少しずつ心の内を見せ始め、表に出すと、全てが変わった。僕の元チームメイトのケビン・ラブの言葉を借りると、「自分にとっての真実を生き、言うべきことを言い、そして恐れるな」。

そういった感情が出てくるようになったのは、いいことだと思っている。選手たちが経験していることが、僕には理解できるからだ。ある意味、このリーグの人間はみんな頑固で、誇りを持ってやっている。リーグに辿り着くにはそうある必要があるんだ。外から見れば派手な世界に見えるかもしれないけれど、実際には地道な努力の積み重ねだ。みんなと同じように、感情を抱く人間だ。銀行口座にいくら入っているかは関係なく、色んな気持ちになるものだ。

職場にいるときの君と同じように、全ての選手にとって変化は訪れる。今でこそ絶好調かもしれないけれど、ある年齢に達したり、特定のポジションに就いたりすれば、何かが変わる。リーグ入りからキャリア15年目までずっとあの状態を維持できるレブロンのような選手はごくわずかだ。メロだって周りから「君の物語はもう終わったんだ、もう君の話は聞きたくない。もうこれで終わりだ。次はみんなが話題にしているあのヤニスという子を見てみようぜ」と言われた。あれで、彼にもそういう時期が訪れるということがわかった。それが生きるということだ。

だからと言って、自分の物語は終わり、誰も自分について話さなくなる訳ではない。僕はずっとそう思っている。自分の物語は、誰がなんと言おうと、自分が決めるものだ。自分がどういう才能の持ち主なのかは理解しているけれど、それを言うと周りからは自分にそう言い聞かせているだけだとか、クレイジーだとか言われる。でも僕は、チャンスさえあれば大丈夫だと感じていたんだ。そしてウルブズに行き、僕を信じてくれるコーチの下でプレイすることができた。

別の場所では、君の才能を信じると言う一方で、トライアングルオフェンスが導入された。「やっぱり信じていなかったんだね。信じていたら、オフェンスを変えていたはずだ。キャブズも信じていると言いながら、終盤はDNPだらけだった。タロン・ルー（当時のキャブズHC）、あんたのことは好きだし恨みっこなしだけど、僕がどれだけプレイできるかあんたはわかっていなかった」。

ウルブズはというと、むしろティブスは初日から僕の健康状態をチェックしてくれた。僕が色々無理をしなくても良かったのは、長い付き合いで、お互いとしっかりコミュニケーションが取れる関係性をすでに築いていたからだろう。コーチにとってそれは重要なことだ。今思うと、ティブスと僕の間にあるようなコミュニケーションが他のコーチとはないことを、僕は読み違えていた。

面白いのは、多くの人が僕らのつながりを理解できないことだ。「あいつのせいで怪我したんじゃないか！」とよく言われる。何言ってるんだ！　僕がコートでプレイしているときに、何をどう考えてプレイしろとティブスに言われた訳ではない。頭がおかしいと思われたくはないけれど、僕はスピリチュアルなことを信じている。当時の僕はあまりにもノっていた。どこからともなく現れて、リーグの他の選手やチームにプレッシャーをかけまくっていたから、どこの誰が僕に対して何を願っていたか分かったものではない。誰かが望んだ結果、何かが起こると言うつもりはないけれど、善かれ悪しかれ僕はカルマというものを信じている。怨念というものは存在する。当時の僕はあまり護られていなかったけれど、今はとても護られていると感じている。

僕とティブスとの間にあるコミュニケーションは、他とは違う。ジェフ・ティーグが怪我していれば、僕は彼に「タイアスを先発にしよう」と言う。

すると彼は「いや先発はお前だよ！」と言う。

まあそれでも良いけれど、と言った上で、お互い思っていることや考えていることをしっかりと話し合えるんだ。そしてあとはただプレイするだけだ。ウルブズではベテランとしての役割を受け入れ、チームの一部として、プレッシャーもなくやるつもりなんだ。誰かの邪魔になるようなことはしたくない。

年齢を重ねないと気づかないことだけれど、僕みたいな生い立ちだと、子供ながらもプレッシャーを感じるものだ。シカゴでプレイしていた5、6年生のころからプレッシャーは感じていたよ。ビッグゲームのような誰でも感じるようなときだけではなく、人と比較され、次のスターだと期待されるプレッシャーだ。そしてリーグ入りすると、さらにそれは増していく。

試合のことが気掛かりで眠れない夜が何度もあったのを覚えている。対戦相手のことではなくて、試合そのものが気になってしまうんだ。活躍したい。チームに活躍することを求められている。昔はそれで気が狂いそうになっていた。活躍しなければならないプレッシャーを感じていて、自分が普段から努力していることは分かってはいるものの、それを結果につなげなくてはいけないという焦燥に駆られていた。バスケは所詮ゲームで、みんなゲームで楽しみたいのは分かるけれど、あれだけ大勢の前でやって、みんなから「グッドゲーム」とか「お前はクソだ」とか言われる仕事なんてそうそうないだろう。

今はもうそれも無い。試合で活躍することや結果を出すことを以前ほど重視していないという訳ではないけれど、今はその試合で何が必要とされているかを考えるようにしている。無理にシュートを打つ訳ではなく、試合の流れを読んでいるんだ。ベンチからの出場でも問題無い。だから2018－19シーズン開幕前に、僕はシックスマン・オブ・ザ・イヤーになれると言ったんだ。

そう、数年前まではシーズン前にMVPと言っていたのに、今ではシックスマンだ。でもそれが正しいアプローチだと思っている。プライドは横に置いて、今のキャリアの段階で何が重要なのかを理解する必要があるんだ。

自分が先発してないからと、怒ることだってできる。でもそこで「のちに息子が僕のそんな話を見たり聞いたりして、自分の言い訳に使ってしまわないだろうか。社会人になって、ステータスのおかげで自分の要求が通るべきだと勘違いするような奴になってしまったらどうしよう?」と考えるんだ。

自ら努力して昇進を勝ち取り、トップへと進んでいくべきだ。当然与えられるものだと期待するのではなく、努力するんだ。僕が現在手にしているものは、誰かに手渡されたものでは無い。トップ指名になるためには、努力が必要だった。高校時代はOJ・メイヨをずっと追いかけ、そこから一位指名になったんだ。リーグ入りする時でさえ、ブルズは僕かマイケル・ビーズリーかと議論していた。当時のマイケルはすごかったし、彼を欲しいと思うのも理解できた。だから結果的に一位で指名されたあとでも、僕は常に自分を証明する必要があると感じていた。何が起きていようと、リーグでは常にそうしていないといけないと思った。だからこそ、MVPについて聞かれた時もああいう答え方をしたんだ。「なんで僕じゃ駄目なんだ?」。

当時の反応はみんなも覚えているだろう。「馬鹿言うんじゃないよ」。

質問してきたのはそっちだ。僕の答えを受け入れられないなら、なんで質問するんだ?

そして今は、多くの人にもう駄目だと烙印を押された。僕が何を経験しているのかも知らずに、引退しろという声が多かった。元選手たちまでもが、自分だって似たような経験をしたはずなのに、まるでそんなことは知らないかのように「あいつはもう終わった。せいぜい平均6とか8得点だ。切るべきだ」と言った。でも僕の考え方はこうだ。偉人というのは、自ら生まれ変わることができる。そして僕もそうしたんだ。

ティブスとはウォリアーズで活躍したティム・ハーダウェイについて話した。怪我をして、その後ヒートで復帰し、再びオールスターになり、リーダーになった。でもバスケだけの話ではない。フランク・シナトラのような偉人もいる。ポップシンガーと役者としてトップの座を手に入れたのちに低迷。しかし、ビッグバンドとバラードという違ったスタイルで復帰を遂げた。一つの分野でスタートを切り、完全に路線を変えながらもまたトップへと上り詰めたんだ。ロバート・ダウニーJr.だって、スター役者だったのがドラッグ問題に悩まされ、投獄までされているのに、今では見事トップスターに返り咲いている。あれだけの経験をしているのにだ。諦めていれば彼の物語は終わっていた。でも彼は、全てを受け止めて、それを自分が生まれ変わるために利用したんだ。ある時点で、自分の経験を理解して受け入れ、そのためにも自分の弱さをさらけ出す必要がある。自分が何者なのか、そして自分には何ができるのかを理解し、他人に自分の物語のエンディングを書かせてはならない。

キャリア序盤にあれほど欲しかった優勝トロフィーを当時手にしていたら、余計に人生が大変なことになっていたかもしれないと思うことさえある。早い段階で優勝できなかったことも、多くの怪我を経験したことも、全ては理由があって僕を見守る大いなる力がそうさせたのかもしれない。物事の真実や人の本心、誰が本当に僕の味方で、燃え盛る船から真っ先に飛び降りるのは誰なのかを、僕に見せるためだったのかもしれない。

今は真っ直ぐ進めているように感じている。僕の味方でいてくれる友人や家族が誰なのかも分かっている。それは誰かに頼んだり、お金を出して買えるものではない。多くの苦難を経験しなければここまで来ることはできなかった。時にはあまりにも酷いと思うこともあったけれど、もしかしたら当時の僕には優勝は荷が重すぎたのかもしれない。知る由もないけどね。

僕の物語は、僕自身を超えている。何が起きるか、誰にもコントロールできない。僕の物語がどうなるのかは、誰にも分からないことだ。でも僕が人に与えたり、母さんや家族を含む全ての人たちを大切に扱い、自分の価値観を整理できている今、いい物語になるってことだけは分かっている。

僕は自分の人生のガイドラインに従い、前兆に耳を傾け、サインを読むようにしている。みんな人生には何かしら、自分にとって大切なものを持っているはずだ。僕は誰になんと言われようと、自分が必死に頑張ってきたことを知っていたからこそ、僕が望んでいた形で僕の望んだようなプレイをウルブズのコートで形にすることができたんだ。チームで自分の居場所を見つけ、役割を学ぶことで手に入れたものだ。

過去に自分の決断で失敗したのも僕自身だ。他の誰でもない。男としてそれを認めることはできるし、当時の僕は助けが必要だったのも分かっている。キャブズでは、跳んだ時に引きずり下ろされて、1ヶ月走れないことになるなんて思いもよらなかったけれど、そうなってしまったんだ。そこで僕はチームから離脱した。それは僕が選択し、僕が決断したことだ。

でも、これが僕の人生の最終章だとは思っていない。まだまだ社会に貢献できることが沢山あると思っているし、自分の性格上もっと多くの人の為にできることがあると感じている。僕の過去があるからこそ、今ここにいるんだ。だからこそ、友人、ファン、家族、愛する人たちから正直に伝えられたことは忘れないし、常にそれは念頭に置いて生きている。誰が見ているか分からないから、いつだって戦い続けるんだ。

これら全てを踏まえても、僕にとってまだ一番重要なのは、勝つことだ。

最初はどんな選手でもそうであるように、経済的な安泰の為にお金が欲しかった。正直に話すことしかできなかったので、聞かれたらそう言った。でも特に今は、これだけ経験したからこそ、僕はまだバスケができて、若い選手たちの助けにもなれるということを見せたい気持ちが強いんだ。キャリアを通してたくさんの浮き沈みを経験してきた。これこそ共有すべきものだと思っている。

MVPになったと思ったら、今度はリーグから追い出されそうになったんだ。放出されて、一時は次にプレイするチームを探す為にクリーブランドステイト大で練習していた有様だった。クリーブランドステイト大でワークアウトしていた時、オクラホマシティ・サンダーが僕に興味を持っているという話があった。でも、そこでティブスから連絡があり、焦らずにもう少し待ってくれと言われた。僕は準備を整えた。それでみんなに見せてやる用意ができたんだ。

結果的に、正しく良い方向に進んだと思っている。順応することができるようになった。しばらく気にせずにいたら、いつの間にか僕がキャリア15年目で「あれ、まだプレイできてるんだ！」と思われたい。それもプレイを続けたいと思った理由のひとつだ。まだまだ、十分プレイできると感じている。だから今はとにかく、チャンスを求めているんだ。チャンスさえあれば、僕はそれを生かすことが出来ると信じている。

怪我をすることは心配していない。最後に怪我の心配をしたのは、二度目の大怪我のときだろう。それ以降は、考えないようにしてきた。疲れるだけだった。自分自身でコントロールできることではないと理解し、ただ信じることに集中した。自分にできることは、成功するポジションに自分を置くことだ。今は自分の在り方をとても気に入っている。何よりも全てを楽しんでいるよ。若いころは、偉大さを追い求め、賞を獲得したり結果を出すことに囚われていて、まるで楽しめていなかった。今は違う。

今は、見せてやることができている。

Epilogue

ジョージ・フロイドのニュースを耳にした時「クソ、またかよ」と思った。傷ついたよ。だからこそ、僕のこの物語に加筆しようと思ったんだ。２０１４年のプレシーズン戦、僕はエリック・ガーナー、トレイボン・マーティン、マイケル・ブラウンらの事件を受けてあの〝I Can't Breathe〟Tシャツを着用した。人が殺され続けているのに、ただの数字としてしか見られていない。あまりにも増えすぎていて、全ての名前を把握しきれないほどだ。だからこそ、僕たちは忘れてはならない。

黒人の男として、一体自分たちは何に苦しめられているのかを探り続けている。残念ながら、我々にはそれをじっくり考えたり、ましてやリラックスするための時間すら無い。毎日24時間、常にもがいていて、必要な時間が手に入ることは稀だ。僕ぐらいの立場になれば、そういった時間も作れるはずだ。それでもやっぱり、これだけの地位にいながらも、黒人の男として心配しなければならないことが多くある。とても辛いことだ。

車を運転してどこかに行く時でさえも、自分の見た目だったり、ちゃんと一時停止したかどうか、人一倍気にする必要がある。まさかここまで来られるとは想像したことも無かったけれど、これだけの地位に昇れたにも関わらず、常に心配している。分かるだろう? 若いころ、僕は多くのことを見てきた。自分もただの統計上の数字の一人になり得るということを分かっている。そうやって僕らは育ってきたんだ。

〝I Can't Breathe〟のTシャツを着た夜のことは、鮮明に覚えているよ。ランダルにシャツの作成をお願いしたこと、そして試合の前日に初めてそれを着た時のこと。アリーナに入る直前、ロッカールームに行って、シャツを着て、「みんなどう反応するんだろう?」と考えたのを覚えている。

そして実際の反応を見たときのこと。僕はあまり口数の多いタイプではない。シャツを着て、特にコートに走って出て行ったときに、とてつもないヴァイブスを感じたのを覚えている。チームメイトが僕のところにやってきてシャツについて聞いてくるようなことは無かった。でもみんな同じことを考えていたから、喋らなくても特別な瞬間が生まれたんだ。わかるよね。

あれには多くの意味が含まれていた。ウォリアーズ戦だったので、ブラックパンサー党(1966年にカリフォルニア州オークランドで結成され、黒人解放運動を展開していた政治組織。全盛期には全国各地の都市に支部があった。武装をして警察による暴力を取り締まる他に、オークランドでコミュニティのために食料や医療、教育などの支援も行った。ローズが抗議のシャツを着た当時ウォリアーズはオークランドを本拠地としていたが、現在はサンフランシスコに移転している)がオークランドのためにやったこと、彼らが象徴することについても考えた。僕も黒人だから、生きる行為自体がサバイバルだ。フレッド・ハンプトン(ブラックパンサー党のイリノイ州支部の代表としてシカゴで活躍した活動家。過激で脅威的だと見なされ、自宅で寝ているところをFBIとシカゴ市警に襲撃され、21歳の若さで亡くなった)のことも考えた。多くの人のことが頭をよぎった。若いころに聞いた彼のストーリーや、何を彼らが表現しようとしていたのかを思い出していた。

みんな、それぞれの主義主張を持っており、それぞれの軸に立っているということを理解する必要がある。僕は、色んな人の考えを吸収し、どれが自分に一番合っているのかを探る。ルイス・ファラカン（黒人の経済的自立を目指して1930年に設立されたネーション・オブ・イスラムという、イスラム教から派生した新宗教であり政治組織の現指導者）、イライジャ・ムハンマド（ネーション・オブ・イスラムの創始者であるウォーレス・ファードの失踪後、後継者となった。教え子にルイス・ファラカンやマルコムXもいるが、マルコムXとはのちに決別している）、マーティン・ルーサー・キングJr.なんかから、アーティスト、政治家、ビジネスマンまで。色んな人からちょっとずつ考え方を分けてもらっている。それぞれがどんなことを言っているのか、どんな風に物事を見ているのかを知って、今の自分が持っているものに照らし合わせる。何をやるにもまずは、聞いて、見て、学ぶんだ。

僕は警官に止められてボディチェックを受けたことはない。僕はそういう若者じゃなかった。問題になるようなことは何もしなかった。シミオン高一年の時にサイコロ賭博をやっていたことで一度留置所に入れられたこともあったけれど、あれはそれに値するようなものではなかった。どちらにせよ、17歳の時点で他に何も悪さをしていなければ、記録から抹消される。理不尽な形で警官に止められたりするような状況に僕はいたことが無いから、警官に関する嫌な話とかを僕は持っていない。でも仲間たちとは、いつもそういう会話をしていた。僕自身の身に起きたことではないので、これまであまり自分から言えることは無かった。でも彼らが何をされたのかとか、話し合うことはできた。暴力も毎日目の当たりにしてきた。ただ自分のストーリーは持ち合わせていなかったんだ。

今息子は7歳になった。一番上の子で、まだ彼とはこれについていわゆる話し合い（アメリカの黒人家庭では、子供がある程度の年齢になると警察などの権力から不当に扱われる可能性、及びその対処法について話し合いをすることが多い）をしていない。いきなり彼の世界を閉ざしてしまうようなことをしたくないんだ。警察が怖いもので、自分にそういうことが起こるかもしれないという恐怖を抱きながら育って欲しくない。基本的に僕は政治的なことや、警察による暴力についてもあまり関わらないようにしている。Tシャツを着た当時も、全ての警官が悪者だと言っていたわけではない。ただ、それまでに起きた事件の数々はあってはならないことだった。国全体にとっての痛手になった。僕が一番心配なのは子供たちだ。僕もそんな子供たちの一人だった。ああいった地域に住んでいて希望も何も無い中で、警察からの扱いも良くないとなると絶望的だ。全ての警察が子供たちを酷く扱っていると言いたい訳ではないけれど、ああいう地域にとっては更なる状況の悪化を生み出している。

僕は息子に情報を与えるようにしている。自分の知識、経験、そしてBJたちのようなメンターから得たものを彼にも与えている。彼が理解できるレベルを見極めながら、それらを少しずつ教えているんだ。そのレベルは、住んでいる場所、育ち、経験によって違うだろう。PJは正真正銘の7歳児だ。とても賢い子だけれど、彼の子供らしさを取り上げたくはない。世の中で起きていることは子供が知るのに必ずしも適しているわけではないので、その全てを把握させるようなことはしたくないんだ。

聞かれるときは「この人たちはあの人たちのことが好きじゃないんだ。でも僕らは共存しなければならない」と伝えている。実際そうだと思うし、僕はそう感じている。どんな内容であろうと、自分がしたいように自分の気持ちを表現すればいいと思う。ただし、他人を傷つけたり、僕に手をあげるような状況になっては駄目だ。それだけは変えなければならない。でもそうならない限り、自分の思っていることを表に出さなければストレスが溜まっていき、いずれおかしな行動につながってしまう。だからみんな、それぞれの意見を受け入れる必要があると思うんだ。所詮それは意見に過ぎない。でも我々はお互いに他に行き場が無いんだから、一緒に乗り越えていかないといけない。僕はこの状況をそう見ている。

警察にもできることはある。例えば、僕が若いころは警官の名前なんて知らなかった。名前で呼べるような間柄の警官が近所にいなかったんだ。それは良くないことだ。警察がその近所で存在感がないのも、今起きている問題の原因の一つだ。例えば一年を通して、月に一、二回ほどブロックパーティー（近所の住民が集まって開催されるパーティーで、多くの場合は路上で行われる。独立記念日など祝日を祝って行われるものもあれば、近所の交流のために行われる場合もある）を開催したりするのはどうだろう？　子供たちと触れ合う機会を作れば、「お前はただの悪い奴なのか、それとも何かしらの事情があるのか。君のお母さんをブロックパーティーで見かけたけど、あの様子はドラッグをやっている。家庭内に問題があって、君は誰にも相談できなくて問題を起こしてしまっているんだな」なんていう判断もできるようになる。

家庭内の状況がどんなものか分からなければ、子供たちのことを知ることなんてできっこない。そこで赤の他人がやってきて、その地域の問題に取り組もうなんて無理があるだろう？　彼らにとってはまるで外国と同じだ。でも子供たちを少しでも知るきっかけになるようなブロックパーティーがあったらどうだろう？　お互い、ファーストネームで呼び合えるような関係を築ける。まるで家族のように、お互いそんなに変わらない同じ人間として見ることができる。「ああ、君は私の姪と似ているな」なんてことも思うかもしれない。そうだろう？　それが無いんだ。だから今こんなことになっている。

今回の件に関して、僕は特別に何か発信してきた訳ではない。今はとにかく全ての情報を吸収している。有名人の意見を聞きたいなんていう状況ではないと思うんだ。それによって何かが変わる訳ではない。だから僕は今両サイドの視点を見ている。フィールド上に二つの勢力があるような状況だと思っている。片方には、人は肌の色によって違うものだと思っている了見の狭い人たちがいる。でもその人たちは教育されていないのか、はたまた無知なのか、何が起きているのか、世界がどう変わってきたのかが見えていない。まだ肌の色で決めつけるのが正しいのだと思っている。もう4、50年も前に終わったことなのに。

結果的に、闘うか逃げるかという考え方になってしまっているんだ。どちら側もその思考になっている。誰もどうすればいいのか分からないから、これだけの混乱になっているんだ。最悪の事態はこれが戦争状態に発展することだ。一番の問題はリーダーシップの欠如であり、どちら側も自らの生存のために戦っていると感じているため、これまでに無いような状況が生まれてしまっている。

問題は、まるでそれは遺伝的なものだと言わんばかりに、絶対に自分の考え方を変えない人たちがいることだ。親が昔やっていたことを、気づいたら今の自分がやっていることがあるだろう？　僕はよく自分の足をトントンしていることがある。若いころに伯父や母さんがよくやっているのを見て、「なんであんなことしてるんだろう？」と思っていた。今では自分がやっている。そういうことにも遺伝的なものを感じている。憎しみについて考えてみて欲しい。人は生まれた時から憎しみという感情を持っているのだろうか？　でも4、50年も誰かを憎み続けていれば、それは遺伝的に自分の中にも存在するようになる。そしてそれが引き継がれていく。だからこちらのことを人間とすら思っていない人が、僕らのことを同等に考えるのはとても難しい。ストリートにおける名誉の文化（他人に侮蔑された場合などに、自らの名誉を守るため、暴力で反撃する考え方を持つ、主に男性の間に見られる文化。ストリートだけではなく、アメリカの南部でも見られる）に似ているのかもしれない。何のために戦っているのか正直よく分からない。でもその何かは自分の中に存在しているんだ。

僕の仕事は、自ら成長し、より良い自分になることだ。より良い自分になり、より知識を得ることが自分の目的だと感じている。なぜなら、このパンデミックが終われば道は二つしかないからだ。より良い自分になるか、その正反対になるか。色々なことが起きていて、ネガティブなことが蔓延していることで、多くの人が後者を選び始めている。僕は、自分が成長できるように努力している。今僕は物事がクリアに見えるような、いい状態にあると思う。この世の中で何が本当に重要なのかを見極めている。家族と一緒にいると、自分のレガシーは自分や家族、そして僕が支えることのできる人々にとって何か素晴らしいことの始まりであって欲しいと実感する。これはまだほんの始まりであって欲しいと思っている。

家族の経済状況は将来的に安泰であって欲しいけれど、それは全体の一部に過ぎない。大学に行かせる姪や甥も沢山いる。でも僕はもっと欲しい。クレイジーに聞こえるかもしれないけれど、僕は自分のコミュニティを立ち上げたいんだ。若いころ、僕はお金や経済にとても関心を持っていた。お金を稼いで自分のために使いたいからではない。稼いで、自分の家族がみんな安心していい生活が送れるように、と考えていた。

若いころにスペインでCNNのインタビューを受けたことがあった。インタビュアーに将来何になりたいかと聞かれ、僕は億万長者と答えた。BJに「お金のことしか考えていないと思われるから、そういうことは言わない方がいい。あいつは金だけだと思われる。君のことを考えると、まず金のことを連想されるようになってしまう」と言われたのを覚えているよ。でも僕の言い分としては、もし本当に億万長者になれば、それをコミュニティに落とし込んで、ブラック・ウォール・ストリート（20世紀初頭にオクラホマ州タルサのグリーンウッド地区が黒人の起業家などによって栄え、当時は全米でも最も裕福な黒人コミュニティであったことを指してこう呼ばれていた）を再現できるんじゃないかと思うんだ。虐殺事件（グリーンウッドでの黒人の繁栄に脅威を感じた近隣の白人住民が1921年に黒人住民を虐殺し、町を焼き払った。最大で300人の黒人が殺されたとされ、米国史上でも最悪の虐殺事件のひとつであるにも関わらず、長年歴史として語られることは少なく、認知度も低かった）がある前までのタルサは、投下資本があればどのコミュニティでも成功することができるんだということを証明した。結局これは経済の話であり、そしてチャンスを持つことの話なんだ。

一つ例を出そう。あるとき、タイラー・ペリー（現在アメリカで活躍する黒人の劇作家、脚本家、俳優、監督、プロデューサー。主に黒人文化を扱った作品を手がけている）はアトランタで見つけた軍事基地をスタジオとして利用できないかと思い、見学に行った。かつて南北戦争で南部連合が利用していた白人の軍事基地だったんだ。手短に話すと、当時の基地はそもそも黒人が足を踏み入れることすら許されなかった。でもペリーは足を踏み入れるどころか、基地を丸ごと買い取ったんだ。僕はそういったことを見ている。誰がどういうアクションを起こしているのかを見ているんだ。今はトップ一パーセントに入っていないと物事を動かせない状況だ。商売ができているのはその一パーセントにいる人たちだ。だから僕は彼のやっていることを見て「よし、俺もやってやるぞ」と目標にしているんだ。

彼のやったことは画期的ですばらしいことだ。彼はあの業界のスタンダードを設定した。僕は彼の業界には属していないが、彼のすばらしいアイディアを見て、そこから発想を得る。彼の買った土地はスタジオになり、色んな家のセットが組まれている。僕はその動画をYouTubeで見て、「僕ならそこにコミュニティを作る」って思ったんだ。

それまでの僕は、考え方が小さすぎた。まるで違う世界にいた。もしそれだけの大金を手にすることができれば、タイラー・ペリーがやったように僕はコミュニティを築くことができる。だからこそ、みんな大金を手にしたいんだ。あれだけのことができるようになるからなんだ。お金が欲しいから億万長者になるのではなく、コミュニティ間の不平等を無くしたいからなるんだ。

これが僕の夢。そしてエンターテインメント業界の他の人たちも同様に刺激するんだ。たとえば僕がシカゴでエングルウッドの一部を活性化したら、他の黒人や変化を生み出せるぐらいのお金を持っている人たちがそれを見て、インスパイアされるかもしれない。改革を起こすことができるかもしれない。何かをする力をもっているのにやらないのは、フラストレーションが溜まる。

でも今、人々が出来る一番のことは団結して、より戦略的に動くことだと思う。要するに、お金を費やす場所を選ぶんだ。より影響を与えられ、リスペクトできる場所にお金を使う。変化を起こすか、少なくとも何かしらのきっかけになることはできると思っている。全員を同じ方向に向かせることなんてできない。でも個人的なレベルで今起きていることに立ち向かうことはできる。他にもできることは色々ある。黒人の本を読む。自分たちの歴史を知る努力をし、アメリカ合衆国の歴史を学んで何が起きているのかを知る。考えて、答えを見つけ出すんだ。感情的になることが今一番やってはいけないことだ。自分たちをより分断に追い込んではいけない。

初めて僕の本が出版されたとき、僕の50得点の試合までをカバーする内容だった。その数週間後、クリスマスの直後にミネソタに移籍してから初めてシカゴでブルズと対戦した。シカゴでの凱旋試合は全て覚えているよ。そこには愛が溢れているからね。僕を見るために、本当に沢山の人がきてくれて最高だった。僕の悪口を言っていても、所詮これはただのバスケットボールという競技、スポーツに過ぎないということも理解している。シカゴに在籍していたときも、ずっと分かっていると僕は言っていた。ファンと同じ立場だったら僕も怒っていただろう。でも当時感じたことをずっと抱えて、それを引きずっていてはいけないんだ。クソみたいなことがいっぱいあったけれど、ミネソタに来てからはそんなことはまるで考えていなかったのに、シカゴで僕に謝罪する記事が出た。ローズは酷い扱いを受けたから、ということだった。僕はただ自分らしく振る舞い、周りから言われていることに対して反応せずに静かにいただけだ。僕の周りの人たちも何も言わなかった。今思えば、それが最適な対処方法だったのだと思う。もし何か反応したり、真実を言ったりしていれば、当時の僕には手に負えないような状況になっていただろう。だから今でもシカゴに帰ってくるのが大好きなんだ。『ＭＶＰ』のチャントには感激した。シカゴこそが、今の僕を作り上げてくれた街だから、ああやって愛を降り注いでくれことにとても感謝している。僕の家族がいる街。あの観衆の前にいる感覚が大好きだ。ホームなんだ。

ミネソタは僕にとって最高だったけれど、まずはリーグで再びプレイできるということを証明する必要があると感じていた。それだけではなく、ああいった状況に置かれると、自分の数字を違った目で見る必要が出てくる。あの年は、三月に肘を手術するまで、スリーポイント成功率が40%近かった。最近のスタイルに自分が順応できていることがそれで分かったし、少し自信をつけることができた。そして自分の身体はまだやっていけると知ることができた。

今では、僕のプレイスタイルは完全に違うものになった。よりヘジテーションを使うようになったし、スピードの変化の付け方や、パスの仕方も変わった。完全に違うスタイルになったけれど、レーンに入り込んだ時のタッチなんかは失っていない。増えたことといえば、外から打つことだろう。リーグ自体がそうなったからね。対応するのは難しくなかった。僕がコービーを大好きなのは、まさにその対応力を持っていたからだ。

彼の死を思い出すときは、これからもずっと心が痛むだろう。彼がいないのだと考えるたびに、とても苦しい気持ちになるのは変わらないと思う。「ああ、くそ。コービーはもういないんだ」という違和感に襲われる。彼の技をコピーすることは無かったけれど、彼の打ち込む姿勢と選手として進化する姿が僕を突き動かした。リーグ入りしてからというもの、彼は毎年夏になると、自分を上達させるために打ち込んでいた。そして彼は、自分が練習している技を試合で完璧にできるようになるまで、誰にもその姿を見せなかった。

それが名選手と普通の選手の違いだ。リーグには多くのスペシャリストが存在する。でもオールスターになれるのは、全てのことを少しずつできるような選手だ。その他の選手は特定のことに長けているスペシャリストだ。コービーはあらゆることを練習していた。同じポジションではなかったけれど、彼がリーグにやってきたとき、身体能力の高い選手だということは分かった。オープンになればショットを決めていた。でも、それが特に得意だというわけではなかった。彼は身体能力が高かったけれど、リーグ入りした頃はもっと荒削りだった。歳を重ねるごとに、フットワークがどんどん良くなっていったんだ。僕もそういうキャリアを送りたい。歳を取っても、結果を出していれば誰も文句は言えない。「あいつ37、8歳だぞ。なんでまだ得点できるんだ?」なんて言われるようになりたいんだ。僕がこれまでに乗り越えてきたことを踏まえて、なお活躍する姿を見逃したくないと人々に思われたい。そういうストーリーにしたいんだ。今の僕は、コートに立つたびに歴史を刻んでいるように感じている。僕のような経験をした選手が、今まで成し遂げたことのないことをやっているつもりだ。

たしかに、僕は二度逃亡した。一度目は実家に帰り、家族は僕の言い分を聞き入れてくれなかったと感じた。だから二度目は誰にも言わなかった。ただ立ち去って、その場から離れた。怪我、自分のプレイ、そして人生。僕がそれらに直面して感じていたことを、他人に理解してもらうのは無理な話だ。他にも似たような運命を辿る選手はいるだろう。でも少なくとも、自分の物語を正直に語ることで、多くの人の心に触れることができればと思っている。

これはゲーム。それが秘訣だ。これは僕がやると決めて選んだ道。それがバスケなんだ。今までにもずっとやってきたことだからこそ、僕はこれで失敗することはない。もちろん弱いチームにいたこともある。でも個人のパフォーマンス的には仕事を全うしてきた。決してそれを傲慢な形で表現することはない。僕はそんなことはしない。でも勘違いしないで欲しいのは、僕はMJ級の自信を持ってやっているということだ。彼と同じぐらいの自信を持ってやっている。ただ違う形で表現してきただけだ。

長くプレイをすれば、優勝できると本気で思っている。いいチームに辿り着き、優勝する。そのためには、健康を維持して長くプレイする必要がある。とにかく健康でいたい、それだけだ。健康かつ、心も穏やかであればいい。デトロイトに移籍した理由の一つがそれだった。勝つことはできなかったかもしれないけれど、アーン・テレム（本書に出てきた通りローズの元代理人だが、現在はピストンズの親会社の副会長を務めている）がいるから、フロントとのやり合いだとか政治的な面の心配はしなくていいという安心があった。彼とは、過去に所属していたチームのフロントの面々とは違う形で話し合うことができる。おかげで居心地が良かった。リソースが揃っているから、パンデミックの間もデトロイトに残ろうと思えたんだ。それはコート内外で助けになった。

ミネソタも決して悪くなかった。ブルズで一緒だったジミーやティブス、そして若い選手が揃っていたから、ウェストでもそれなりのチームになれるのではないかと思っていた。ジミーが去って、最終的にティブスもいなくなったのが痛かった。ジミーが去ったことには、みんな驚いていたと思う。彼が欲していたものは、全て揃っていたと僕は感じていた。でも人はみんな違うものだし、コートの内外を問わず彼の人生は彼自身がコントロールするものだ。ジミーとはこのことについて話し合うことは無かったけれど、気持ちは理解できたよ。今ではマイアミで勝っている。だから彼はきっと正しい決断をしたと感じているはずだ。でもティブスが去ったことで、僕はチームが将来のことをどう考えているのか見極めなければならなかった。もう僕も11年目に突入していて、チームは僕のそういう面を考慮するような状況でもなかった。そんな中、アーンがBJに連絡をしてくれて、僕はデトロイトに行くことを決めたんだ。

ここは最高だよ。最高だと思っていなければ、そしてこのスポーツに対する情熱が無ければ、ここにいることはないだろう。単純なことだ。もうお金のためにやっている訳ではない。ここまでくれば、自分が大型契約を結べないことはもう分かっている。受け入れないといけないことだ。クリス・ポールみたいな、3600万ドルの契約が欲しいなんて言わない。自分のパフォーマンスに見合ったフェアな契約を求めている。それだけだ。なぜ自分がこのスポーツをプレイしているのかを、噛み砕いて理解する必要がある。もしくは、本当にこのスポーツをプレイしていたいのか。その全てを考える必要がある。僕はそうした。ＰＪが試合に来れることの重要性を考慮した。僕が自分のことだけを考えて、早期に引退してしまったら、試合の場にいることで感じられるような体験を子供ができなくなってしまう。ステフ・カリーを見てくれ。デル・カリーが息子のステフを試合に連れて行って、コートでシュートさせてあげたりしていなければ、今のステフは存在しただろうか？　僕の子供にも、同じようなチャンスを与えたい。

僕が殿堂入りできるのかとか、史上最年少のＭＶＰだとか、僕のプレイはどうだとか、そういったことについてみんなが話しているのは僕の耳にも届いている。でも、僕の知る限りで自分の名前がＣＢＡのルールになった人は一人しかいなくて、その人は殿堂入りしている。ラリー・バードだ。ルールに自分の名前がついている選手なんて他にいるか？　僕にはデリック・ローズ・ルールがある。ラリー・バード・ルールと同じように、選手たちがいい契約を取れる手助けをするルールだ。ルールに名前がついている選手で殿堂入りしていない選手なんているかい？　オスカー・ロバートソンの訴訟というのはあるか。とにかく僕はそう感じている。僕にはルールがある。

その他にも色々、僕がリーグに与えた影響についてはあまり知られていないだろう。例えば選手たちが使っているあの黒いキネシオテープ。ＡＣＬから復帰した時に僕があれをつけて出場したら、ＮＢＡがメーカーと契約していないということで、使用が禁じられたんだ。僕は首が痛かったので、罰金など気にせずに使用した。すると翌年、ＮＢＡがメーカーと契約し、今では多くの選手たちがキネシオテープを利用している。そういった細かいことも、殿堂入りの議題に上がるときに考慮されるんだ。

もう一つあるよ。プラスチックのボトルから飲み物を摂取すると、ボトルと人間の口の温度差による反応で、200近くの化学物質を体内に取り込むことになるんだ。一口飲むたびに、200近くの化学物質が身体に入っていく。僕は断熱素材を使用することにしている。NBAはこれを用意していない。だからピストンズにゲータレードのボトルでやってもらうようにお願いした。できるだけ長くこのリーグにいたいと思っているんだ。だからどれほど細かいことでも、健康を維持するためにはそれをやる。他の選手も、僕がそうしているのを見ている。デトロイトのトレーニングスタッフとミーティングが行なわれた結果、今季からゲータレードはNBAの全ての選手用に断熱加工されたボトルを作ったんだ。史上初のことだ。僕はまたそうやって影響を与えた。とにかく健康で、心穏やかでいたいんだ。できるだけ長く、このリーグにいたい。トム・ブレイディのようにやっていきたいと思っている。

2020年7月

訳者あとがき

デリック・ローズは自分にとって、とても特別な存在です。マイケル・ジョーダンの時代から長年ブルズファンを続け、ようやく希望をもたらしてくれたスター選手だったということは当然のことながら、今自分がこうしてバスケットボールの仕事で生計を立てるようになれたのも、ローズの存在があってのことなのです。

2012年1月に〝Bulls Fan in Japan〟というブルズのファンブログを開設し、全試合の海外レビュー記事を勝手に翻訳して掲載し始めました。今思えば著作権など完全に無視したあまり褒められた行為ではなかったのですが、それだけ「日本には良いスポーツ情報サイトが無い」という気持ちが強かったのです。色々な伝手を使って多方面にごめんなさいをしながらブログを続けていると、2013年夏、ローズが来日するという情報が飛び込んできました。そしてブログで発信していたことがローズを招聘したアディダスジャパンに伝わり、1日だけ密着レポーターとしてローズと仙台に帯同させていただくこととなりました。

来日したローズや代理人のBJ・アームストロングに直接会って想いを伝えられたのはもちろんのこと、来日イベントに参加したことで『NBA Japan』や『HOOP』の編集長とお話しする機会があり、それが僕の人生にとって大きな転機となりました。

以来、ブログ以外で執筆する機会が増え始め、コービーやレイ・アレンの訳書を出すことにもつながりました。その後、ＮＢＡと直接仕事をするようになり、多くの選手の通訳を担当したり、リーグの日本での展開に関わったりしています。今では複数のバスケメディアが存在するようになり、自分のブログも役目を終えたかなと感じていますが、今の自分があるのは、ローズがブルズに入団し、ブログを書いて応援しようと思わせてくれたことがきっかけです。

そんなローズの自伝となれば、訳さないわけにはいきません。これまでの本でお世話になっていた酒井陽さんと話を進めていたところ、出版不況の影響で出版社が民事再生となり、話が飛んでしまいました。そんな中、救世主となったのがバスケ誌『ダブドリ』の大柴壮平編集長。翻訳権利を買い取り、無事こちらで訳書を発行できることとなりました。感謝しきれません。さらに翻訳協力という形でがっつり入っていただいたナゲさん（いつもそう呼んでいるのでそう呼ばせていただきます）も本当にありがとうございます。

そして自分の自由なライフスタイルを受け止め、付き合ってくれている家族にはいつも支えられています。ありがとう。

最後まで読んでいただいた皆さんも、本当にありがとうございます。日本でもっとバスケが盛り上がれるよう、これからも尽力していきます。

大西玲央

２０２１年２月吉日

2015年2月23日	46試合プレイしたのち、右膝の半月板を断裂
2015年4月8日	復帰戦で19分出場し9得点を記録
2015年4月18日	ACL断裂後初のプレイオフ戦にて23得点を獲得、ミルウォーキー・バックスに勝利したシリーズで平均21.5得点を記録
2015年5月8日	クリーブランド・キャバリアーズとのイースタン・カンファレンス・セミファイナル第3戦で決勝3ポイントショットを含む30得点の活躍でブルズが2勝1敗とリードするも、キャブズが続く3試合で勝利
2015年9月29日	シーズン初練習にて眼窩骨折
2016年6月22日	ジャスティン・ホリデーとともに、ジェアリン・グラント、ホセ・カルデロン、ロビン・ロペスと引き換えにニューヨーク・ニックスへトレード
2017年1月9日	1日実家に帰るためにチームを離脱し、ニューオーリンズ・ペリカンズ戦を欠場
2017年4月2日	64試合で平均18得点を記録するも、左膝の半月板を断裂し残りのシーズンを全休
2017年7月25日	キャバリアーズと契約
2017年11月24日	7試合をプレイしたのち、個人的な理由でチームを離脱
2018年1月18日	復帰戦で13分出場し9得点を記録
2018年2月8日	ユタ・ジャズへトレードされ、2月10日に契約解除
2018年3月8日	ミネソタ・ティンバーウルブズと契約
2018年7月4日	ティンバーウルブズと再契約
2018年10月31日	ジャズへの勝利で自己最多となる50得点を記録

※アメリカで初版発売後、2019年7月にデトロイト・ピストンズと契約（2020年11月に発売されたペーパーバック版にて追記されたEpilogueでその契約について触れられている）。1シーズン半プレイしたのち、2021年2月に恩師トム・シボドーがHCを務める古巣のニューヨーク・ニックスに移籍した。

Timeline　デリック・マーテル・ローズ

1988年10月4日	イリノイ州シカゴで誕生
2006年3月18日	シミオン高校をイリノイ州高校バスケットボール決勝戦まで導き、ペオリア・リッチウッズ高校相手にオーバータイムで決勝ショットを決める
2007年3月31日	イリノイ州のミスター・バスケットボールに選出
2008年4月7日	メンフィス大学をNCAAトーナメント決勝へと導くも、カンザス大学相手にオーバータイムで敗退
2008年6月26日	シカゴ・ブルズがNBAドラフト全体1位で指名
2008年10月28日	ブルズでNBAデビュー、11得点、9アシストを記録
2009年4月18日	前年覇者のボストン・セルティックスとのプレイオフ第1戦で、カリーム・アブドゥル・ジャバーの持つルーキー・プレイオフ記録に並ぶ36得点を記録
2009年4月22日	NBAルーキー・オブ・ザ・イヤーを受賞
2010年1月28日	NBAオールスターのイースタン・カンファレンス・オールスターに選出、ブルズ選手としては1998年のマイケル・ジョーダン以来
2011年5月3日	満票に近い得票数でNBA史上最年少MVPに選出
2011年12月21日	ブルズと2016-17シーズンまでのマックス延長契約を結ぶ
2011年12月25日	ロックアウトで短縮されたシーズン開幕戦でロサンゼルス・レイカーズ相手に決勝ショットを決め勝利
2012年4月28日	フィラデルフィア・76ersとのプレイオフ第1戦、試合残り1分20秒でブルズが12点リードする中、左膝前十字靭帯（ACL）を断裂
2012年5月12日	ラッシュ大学メディカルセンターにて手術、ブライアン・コール執刀医は復帰まで最低12ヶ月を要すると診断
2013年11月22日	ACL手術からの復帰後10試合目にして右膝の半月板を断裂、11月25日に手術を受け残りのシーズンを全休
2014年9月14日	FIBAワールドカップでセルビアとの決勝戦にてアメリカ代表トップとなる6アシストを記録し、金メダル獲得に貢献

著者プロフィール

デリック・ローズ

シカゴ生まれ、シカゴ育ち。2008年のNBAドラフト全体1位でシカゴ・ブルズが指名。リーグの新人王に選出され、2011年には22歳にしてリーグ史上最年少MVPとなった。ほかにニューヨーク・ニックス、クリーブランド・キャバリアーズ、ミネソタ・ティンバーウルブズ、デトロイト・ピストンズでプレイ。2021年2月、恩師トム・シボドーのいる古巣ニックスにトレードで帰還した。

サム・スミス

ニューヨークタイムズのベストセラーリスト入りしている『The Jordan Rules』『Second Coming』『There Is No Next』『Hard Labor』の著者。2012年にはネイスミス・ホール・オブ・フェイム・カート・ガウディ・メディア賞を受賞。現在はBulls.comで執筆中。Twitterアカウントは@SamSmithHoops。

訳者プロフィール

大西玲央

1981年アメリカ・ニュージャージー州生まれ。国際基督教大学卒業。株式会社アトリエキノコ代表取締役。訳書に『コービー・ブライアント　失う勇気』(東邦出版)と『レイ・アレン自伝』(東邦出版)があり、本作は3作目。雑誌『ダブドリ』やNBA公式サイトである『NBA Japan』を筆頭にバスケットボールライターとして活動しつつ、NBAの翻訳・通訳を務め、YouTube番組の『Basketball Diner』や『NBA井戸端会議』にてNBA情報を発信中。

I'LL SHOW YOU　デリック・ローズ自伝

2021年4月20日　初版発行
2021年5月12日　2刷発行

著　者　デリック・ローズ
　　　　サム・スミス
訳　者　大西玲央
翻訳協力　永禮美里
装　丁　鈴木廣富
発行者　大柴壮平
発行所　株式会社ダブドリ
〒162-0067　東京都新宿区富久町38-15
電話（03）5312-6484　FAX（03）5312-6933
https://www.dabudori.com
印　刷　株式会社亨有堂印刷所
製　本　株式会社ブックアート

Printed in Japan
ISBN978-4-87119-613-0